中华文化风采录

万世师表

丰富民俗文化

传统的
祭典

王　丽 ◎ 编著

北方妇女儿童出版社

·长春·

图书在版编目（CIP）数据

传统的祭典 / 王丽编著．—长春：北方妇女儿
童出版社，2017.5（2022.8重印）
（丰富民俗文化）
ISBN 978-7-5585-1080-9

Ⅰ．①传… Ⅱ．①王… Ⅲ．①祭祀－风俗习惯－中国
－通俗读物 Ⅳ．①K892.29-49

中国版本图书馆CIP数据核字（2017）第100749号

传统的祭典
CHUANTONG DE JIDIAN

出 版 人　师晓晖
责任编辑　吴　桐
开　　本　700mm×1000mm　1/16
印　　张　6
字　　数　85千字
版　　次　2017年5月第1版
印　　次　2022年8月第3次印刷
印　　刷　永清县晔盛亚胶印有限公司
出　　版　北方妇女儿童出版社
发　　行　北方妇女儿童出版社
地　　址　长春市福祉大路5788号
电　　话　总编办：0431-81629600

定　　价　36.00元

习近平总书记说："提高国家文化软实力，要努力展示中华文化独特魅力。在5000多年文明发展进程中，中华民族创造了博大精深的灿烂文化，要使中华民族最基本的文化基因与当代文化相适应、与现代社会相协调，以人们喜闻乐见、具有广泛参与性的方式推广开来，把跨越时空、超越国度、富有永恒魅力、具有当代价值的文化精神弘扬起来，把继承传统优秀文化又弘扬时代精神、立足本国又面向世界的当代中国文化创新成果传播出去。"

为此，党和政府十分重视优秀的先进的文化建设，特别是随着经济的腾飞，提出了中华文化伟大复兴的号召。当然，要实现中华文化伟大复兴，首先要站在传统文化前沿，薪火相传，一脉相承，弘扬和发展5000多年来优秀的、光明的、先进的、科学的、文明的和自豪的文化，融合古今中外一切文化精华，构建具有中国特色的现代民族文化，向世界和未来展示中华民族具有独特魅力的文化风采。

中华文化就是中华民族及其祖先所创造的、为中华民族世世代代所继承发展的、具有鲜明民族特色而内涵博大精深的优良传统文化，历史十分悠久，流传非常广泛，在世界上拥有巨大的影响力，是世界上唯一绵延不绝而从没中断的古老文化，并始终充满了生机与活力。

浩浩历史长河，熊熊文明薪火，中华文化源远流长，滚滚黄河、滔滔长江是最直接的源头，这两大文化浪涛经过千百年冲刷洗礼和不断交流、融合以及沉淀，最终形成了求同存异、兼收并蓄的辉煌灿烂的中华文明。

中华文化曾是东方文化的摇篮，也是推动整个世界始终发展的动力。早在500年前，中华文化催生了欧洲文艺复兴运动和地理大发现。在200年前，中华文化推动了欧洲启蒙运动和现代思想。中国四大发明先后传到西方，对于促进西方工业社会形成和发展曾起到了重要作用。中国文化最具博大性和包容性，所以世界各国都已经掀起中国文化热。

中华文化的力量，已经深深熔铸到我们的生命力、创造力和凝聚力中，是我们民族的基因。中华民族的精神，也已深深根植于绵延数千年的优秀文化传统之中，是我们的精神家园。但是，当我们为中华文化而自豪时，也要正视其在近代衰微的历史。相对于5000年的灿烂文化来说，这仅仅是短暂的低潮，是喷薄前的力量积聚。

中国文化博大精深，是中华各族人民5000多年来创造、传承下来的物质文明和精神文明的总和，其内容包罗万象，浩若星汉，具有很强的文化纵深感，蕴含丰富的宝藏。传承和弘扬优秀民族文化传统，保护民族文化遗产，已经受到社会各界重视。这不但对中华民族复兴大业具有深远意义，而且对人类文化多样性保护也是重要贡献。

特别是我国经过伟大的改革开放，已经开始崛起与复兴。但文化是立国之根，大国崛起最终体现在文化的繁荣发展上。特别是当今我国走大国和平崛起之路的过程，必然也是我国文化实现伟大复兴的过程。随着中国文化的软实力增强，能够有力加快我们融入世界的步伐，推动我们为人类进步做出更大贡献。

为此，在有关部门和专家指导下，我们搜集、整理了大量古今资料和最新研究成果，特别编撰了本套图书。主要包括传统建筑艺术、千秋圣殿奇观、历来古景风采、古老历史遗产、昔日瑰宝工艺、绝美自然风景、丰富民俗文化、美好生活品质、国粹书画魅力、浩瀚经典宝库等，充分显示了中华民族厚重的文化底蕴和强大的民族凝聚力，具有极强的系统性、广博性和规模性。

本套图书全景展现，包罗万象；故事讲述，语言通俗；图文并茂，形象直观；古风古雅，格调温馨，具有很强的可读性、欣赏性和知识性，能够让广大读者全面触摸和感受中国文化的内涵与魅力，增强民族自尊心和文化自豪感，并能很好地继承和弘扬中国文化，创造未来中国特色的先进民族文化，引领中华民族走向伟大复兴，在未来世界的舞台上，在中华复兴的绚丽之梦里，展现出龙飞凤舞的独特魅力。

目 录

感天谢地——天地大海祭典

人文始祖祭典

祭祀起源于商朝，商人认为鬼神有很大威力，能够决定人的命运，所以人们十分崇敬鬼神。人们把鬼神分为天神、地祇、人鬼三类，而且以人鬼就是祖先为祭拜主要对象。人们认为祖先虽然死了，灵魂仍然存在，可以降祸、亦可赐福子孙。因此，人们每年都要安排时日，进行虔诚祭祀。

这种崇拜祖先的观念一直延续着，就形成了我国一种独特的文化特色，而在其中，对上古之神女娲、中华始祖炎黄二帝、人类始祖伏羲、伟大君主大禹的祭祀尤为隆重而盛大，在我国千百年而长盛不衰。

中华民族母亲女娲的祭祀

伏羲女娲图

相传在远古的时候，有个叫华胥的神国，这个神国有个叫华胥氏的公主，有一天她到一个住着雷神的雷泽去游玩。她看到雷神留下了一个巨大的脚印，就好奇地踩了一下，于是便有了身孕。

华胥氏公主怀孕12年后生下一个儿子，这个儿子有蛇的身体，人的脑袋，非常聪明，取名为伏羲。在伏羲出生后，他又得到了一个蛇身人首的妹妹，叫作女娲，号曰女希氏。

自从盘古从混沌中开天辟地

后，临死化身，又创造了山川河流、日月星辰、草木虫鱼。有一天，女娲行走在大地上，她感到非常孤独，觉得应该给天地之间增添一些更加有生气的东西，使得大地具有活力。

偶然间，女娲来到一处水池边，清澈碧透的池水，倒映出她那秀美的身影。于是，她抓起地上的黄土，就照着自己映在水中的样子，揉捏成一个娃娃形状的小东西。

说来也很奇异，当女娲把这个泥娃娃放到地面上时，这个小东西就有了生命，眼睛睁开了，嘴巴张开了，还手舞足蹈、活蹦乱跳的。女娲对自己的劳动成果异常欣慰，就给这个泥娃娃取名为"人"。

这个人的身体虽然很小，但是因为是女神亲手造的，所以他与飞鸟、走兽都不同。他集天地的精华，是万物中思想最丰富的生命，他有管理大地的智慧。

女娲又继续用手糅合掺了水的黄泥，造了许多男女。女娲想用这

■ 女娲像

共工 我国古代神话中掌控洪水的水神，与驩兜、三苗、鲧同为四大凶神，性格冲动暴躁，是个胆壮气粗、脾气耿直的神灵。传说共工曾撞断了用来给天地之间支撑的不周山，震得天空的日月星辰都变了位置，大地上的河流都改了走向。

些小人去充实大地，但大地毕竟太大了，她工作了很久很久，已经相当疲倦了。

最后她拿起一根绳子，伸到泥浆里去，然后用力一挥，泥点溅落的地方，立即出现一个个欢欣跳跃的小人。这些小人成群地走向平原、谷地、山林，从此以后，地球上才有了我们人类。

后来，女娲教男女结婚生子，教人们结网渔猎，并建立了婚姻制度。据史书《三家注史记·三皇本纪》记载，女娲还制造了一种叫笙簧的乐器，于是人们又奉女娲是音乐鼻祖之一。

有一年，水神共工和火神祝融因故吵架并大打出手，最后祝融打败了共工，水神共工因打输了而羞愤地向西方的不周山撞去。

哪知，那不周山是撑天的柱子，不周山崩裂了，支撑天地之间的大柱断折了，天倒下了半边，出现了一个大窟窿，地也陷成一道道大裂纹，山林燃起了大火，洪水从地底下喷涌出来，毒虫猛兽也出来残害、吞食人类，人类濒临灭绝的危险。

女娲目睹人类遭到如此奇祸，感到无比痛苦，于是决心补天，以终止这场灾难。她选用各种各样的五色石子，架起火将它们熔化成浆，用这种石浆将残缺的天补好，随后又斩下一只千年大龟的四脚，当作四根柱子，把倒塌的半边天支起来。

女娲还擒杀了残害人们的黑龙，刹住了龙蛇的嚣张气焰。最后为了堵住洪水不再漫流，女娲还收集了大量芦草，把它们烧成灰，堵塞向四处铺开的洪流。经过女娲一番辛劳整治，苍天总算补上了，地填平了，水止住了，龙蛇猛兽敛迹了，人们又重新过着安

■ 女娲造人雕像

女娲补天塑像

乐的生活。

但是这场特大的灾祸毕竟留下了痕迹。从此天开始有些向西北倾斜，因此太阳、月亮和众星辰都很自然地归向西方。又因为地向东南倾斜，所以一切江河都往那里汇流。当天空出现彩虹时，就是女娲补天神石发出的彩光。

经过这场浩劫，人类幸存者已经很少。为了使人类能再次发展增多，女娲便以黄土和泥，用双手捏起泥人来。每造一人，取一粒沙计数，终而成一硕石，女娲将其立于西天灵河畔。

此石因其始于天地初开，受日月精华，灵性渐通。不知过了几载春秋，只听天际一声巨响，一石直插云霄，顶于天洞，似有破天而出之意。

女娲放眼望去，大惊失色，只见此石吸收日月精华以后，头重脚轻，直立不倒，大可顶天，长相奇幻，竟生出两条神纹，将石隔成三段，纵有吞噬天、地、人三界之意。

女娲急施魄灵符，将石封住，心想自造人后，独缺姻缘轮回神位，便封它为三生石，赐它法力三生诀，将其三段命名为前世、今生、来世，并于其身添上一笔姻缘线，从今生一直延续到来世。

为了更好地约束其魔性，女娲思虑再三，最终将其放于鬼门关忘川河边，掌管三世姻缘轮回。当此石直立后，神力大照天下，跪求姻缘轮回者更是络绎不绝。

悠久的中华文明史，孕育了美丽的女娲神话传说。关于女娲的神话传说主要还有兄妹结亲、抟土造人、制作笙簧、炼石补天、占地移山等。

这些生动的神话故事，重彩描绘了女娲这位上古时期带领人类治理洪水、孕育人类、建章立制、制作丝竹、创造文明、推进历史进程的始祖形象，高度赞扬了女娲战天斗地、征服自然、不屈不挠、仁慈博爱的始祖精神。《淮南子·览冥训》载：

《论衡》为东汉王充所作，王充在《论衡》中，以科学知识为武器，无情地批判了"天人感应"说和谶纬迷信。《论衡》不但是我国古代思想史上一部划时代的杰作，而且是我国古代科学史上极其重要的典籍。

考其（女娲）功烈，上际九天，下契黄垆，名声照后世，光辉熏万物。

■ 秦砖上的女娲图案

这位开宇宙、立世界的人类母亲，将永远被后世所崇敬。

在我国，还有人认为女娲是一个真实存在过的历史人物，主要活动于黄土高原，她的陵寝位于山西临汾的洪洞县赵城侯村。女娲陵的存在时间可能在三四千年以上，同黄帝陵一样，也是我国古代皇帝祭奠的庙宇。当地在

杜光庭（850年~933年），字圣宾，号东瀛子，缙云人。一生著作颇多，有《道德真经广圣义》《道门科范大全集》《广成集》《洞天福地岳渎名山记》《青城山记》《武夷山记》《西湖古迹事实》等。我国古代著名传奇小说《虬髯客传》相传系他所作。

每年农历三月初十前后，均举行长达7天的大型庙会和祭祀活动。

其实，关于对女娲进行祭祀始见于东汉王充的《论衡·顺鼓篇》，书中记载：

久雨不霁，则攻社，祭女娲。

久雨而祭女娲，跟治水有关，《顺鼓篇》记载女娲是旱神。专设女娲皇祠进行祭祀，最早见于北魏郦道元的《水经注》：

■女娲塑像

瓦亭水又西南出显亲峡，石宕水注之。水出北山，山上有女娲祠。伏羲之后有帝女娲焉，与神农为三皇矣。

瓦亭水流出北山，是谓成纪水，女娲祠在成纪。成纪水有二说，一谓天水成纪，一谓渭水支流葫芦河，也就是瓠河成纪。

从女娲祠祭祀意义上说，无所谓天水、渭水葫芦河成纪，二者同源。北魏辖境内，也有陕西潼关等诸女娲山。北魏三皇祭，是伏羲、女娲、神农。唐末五代前蜀杜光庭的《录异记》记载：

■ 女娲补天图

陈州不太昊之墟，东关城内，有伏羲女

娲庙。

　　河南陈州伏羲女娲庙，能够回溯《山海经·大荒南经》记载的鲐姓之国南境陈州山。不太昊，即祭坛、瓮衾。由此可见，女娲庙广泛分布在我国的广阔土地上。

　　其中位于甘肃东南部的秦安号称"女娲故里"，据《水经注》记载，秦安县城北面，山上有女娲祠，此地有风姓命名的风沟、风台、风茔等地名，娲皇、凤尾、龙泉等村名。传说女娲生于风沟，长于风台，葬于风茔。后来，陇城镇的人们为了纪念女娲，就自发筹资在原址重新建起一座仿古式女娲大殿。

　　在秦安陇城镇的风沟悬崖上，一直都有一处深

《水经注》是公元6世纪北魏时郦道元所著，全书30多万字，详细介绍了我国境内1000多条河流以及与这些河流相关的郡县、城市、物产、风俗、传说、历史等。《水经注》还记录了不少碑刻墨迹和渔歌民谣，是我国古代较完整的一部以记载河道水系为主的综合性地理著作。

不见底的女娲洞，镇北门外有一口大井，世称龙泉，据传是女娲抟土造人用水之泉。镇南门有一座气宇轩昂、雕梁画栋的女娲庙，大殿正中有女娲氏塑像，生动再现了女娲"炼石补天"和"抟土造人"的情景。

女娲作为氏族女神，历来都享受着国家和民间的供奉，自商周以来就形成了祭祀女娲的人祖庙会，后来经过国家的提倡和宣传，祭祀规模越来越宏大。每年的仲春三月，虔信女娲的人们都要来庙里进香拜祭，并举行盛大的公祭和民祭活动。

民祭是我国民间自发组织的一种祭祀女娲活动，是当地人最为重视的祭祀形式。每到这天，附近十里八村的村民们都会自发前来祠堂祭拜。这里的人对女娲的传说深信不疑，谈起女娲，他们都会以一种崇敬的神情，指着附近的山冈和丘陵，介绍"风谷""风台"和"风茔"。他们说这三个以"风"命名的场所，分别是女娲出生、成长和辞别人间的地方，这些地方一直都遗留着女娲在此生活过的痕迹。

祭祀一般进行5天，从农历三月十一日开始设坛拜祭，十二日取龙泉圣水洒坛祈福，以保民安，十三日风沟迎接銮驾，十四日风台

■ 女娲补天塑像

■ 女娲庙

迎馔，十五日上午正坛祭祀。

公祭保留着最传统的祭祀方式，举行公祭符合群众的心愿，人们在每年正月十五都会自发祭祀女娲，公祭肯定了人们尊敬祖先的传统美德。

仪式开始前，民间的祭师就会身着法衣，手持笏板，头戴"三清冠"，守在即将供奉给女娲的"三牲"和"五谷"旁边。紧接着击鼓鸣钟，先击鼓34下，代表整个国家共同祭祀女娲，紧接着鸣钟9响，代表中华民族传统最高礼数。

仪式开始后，伴随着礼乐，祭师和其他民间祭师及数十位年长的"乡老"一起，进入女娲祠并献上供品和宣读祭文。取龙泉水向万民祈福，向娲皇圣像行礼，祭祀仪式古老，风格典雅。

在我国，女娲文化历史悠久，内涵极为丰富，她是人类始祖文化的杰出代表，主要包括国家和民间对

农历 是我国长期采用的一种传统历法，这种历法以太阳历安排了二十四节气，以指导农业生产活动，故称为农历。实际上，农历与阴历是不同的。阴历是以朔望的周期来定月，用置闰的办法使年平均长度接近太阳回归年，又有夏历、汉历等名称。

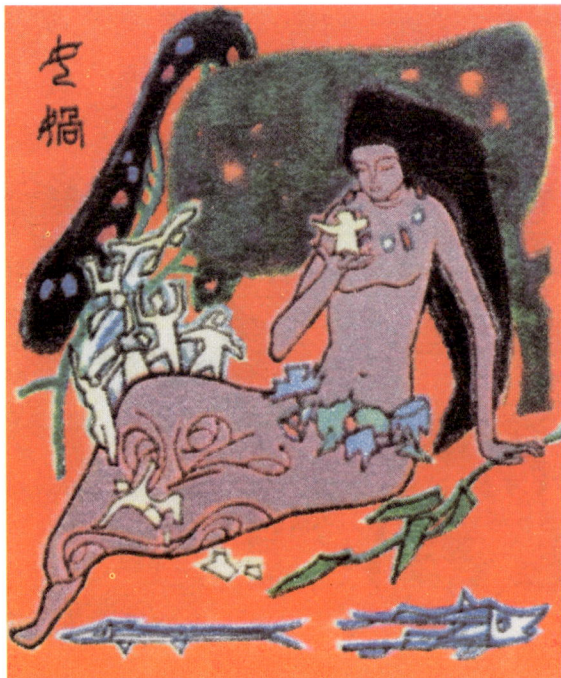
■女娲造人壁画

人类始祖女娲抟土造人、炼石补天、断鳌足、立四极、治洪水、通婚姻、做笙簧等功德的朝拜和祭祀，其主要形式为传统娲皇宫三月庙会、期间的民祭和公祭、重温神话传说、女娲传说中造福于民的故事。进行村名地名关系的溯源和婚嫁、生育、人生礼俗、岁时节庆等。

我国民间相传农历三月十八日为女娲生日，从农历三月初一开始，到三月十八日，为娲皇宫庙会。庙会期间，民间祭祀以摆社为主要形式。

周边地区摆社以福建漳州和泉州、山西长治和榆次为主，每年农历三月十八日，都要组织百余人，全套祭祀器具设备，到涉县娲皇宫去寻根祭祖，谒拜女娲。本地几乎村村有社，甚至一村多社，从清朝康熙年间后，上顶朝拜的有七道社，分别为曲峧社、石门社、七原社、温村社、索堡社、桃城社和唐王峧社。

农历三月初一，各社组织人员，多则上千人，少则几百人，全副古装穿戴。祭品有三牲太牢、时果三珍、馒首干果等，祭器设备有金瓜钺斧、朝天镫、祭旗、功德旗、黄龙旗、五彩旗等。祭祀队伍一字长

祭器 祭祀时所陈设的各种器具。古代的祭器多为瓷器、陶器、铜器或铁器等。古人祭祀很少用铁器，不是因为容易生锈，而是古人认为"铁以镇魂"，故有"棺不见铁"之说等，铁会震慑祖宗亡灵，所以忌讳铁器。

蛇，浩浩荡荡，甚是壮观。民间活动融入了音乐、舞蹈、服装、道具等极为丰富的文化内涵。

除集中民间祭祀摆社外，从三月初一开始，各地零散香客云集娲皇宫，祈禳还愿，整月川流不息。祈禳内容包括求福、求寿、求财、求前程、求子、求平安、求康健、问前程等；形式有坐夜、打扇鼓、撒米、结索开索、披红、垒石子、结红布、绑娃娃等，丰富多彩，不一而足。

还愿即祈禳时所许之愿在达到目的后的兑现之举，带上祭品、香纸、鞭炮等，到娲皇宫拜谒娲皇圣母。这种民族认同感和文化认同感，形成了丰厚的民俗文化氛围。

进香朝拜的时间不太固定，一般多在农历每月的初一或十五日，平时也可。形式多为烧香叩首，进香朝拜，目的不外乎祈求国泰民安，物阜民丰，风调雨顺，五谷丰登，万事如愿，全家安康等。

政府公祭也是女娲祭祀的一个重要环节，根据清代嘉庆年间的

■女娲观

■女娲宫

《涉县志》记载：

我朝顺治、康熙、雍正间历经修理，每年以三月十八为神诞日，有司致祭，自月初一讫二十启庙门，远近士女坌集。

上述记载表明从清朝开始就有公祭。女娲文化历史悠久，内涵极为丰富，她是人类始祖文化的杰出代表。

女娲文化中还有很多内容与生活中的礼俗、习俗有联系。比如，相传伏羲、女娲兄妹成亲，由于害羞，女娲用草帘遮住脸，伏羲则用土把脸涂黑，两人才入了洞房。涉县的婚礼习俗中，新娘要蒙红盖头，新郎则用锅底灰把脸抹黑，这一习俗的起源就与女娲兄妹成亲的传说有关。

因为在神话传说中女娲创造了华夏先民，所以在涉县人民心中她不仅担当送子的重任，还要保佑孩子平安长大。远近的青年男女结婚后，如果不生育，婆婆大都要带媳妇儿到娲皇宫来求子，娲皇奶奶送子后还要把小孩子的真魂锁在娲皇宫里照看，不被邪门歪道夺去，直到13岁成人时父母再带孩子来娲皇宫开锁，把孩子领回家。

开锁时要由3个不同姓氏的人边唱开锁歌，边用

打扇鼓 又叫扇鼓舞，使用扇鼓、马鞭这两种道具，扇鼓是由鼓面和鼓把两部分组成，鼓面是一个圆铁环，其上张覆羊皮，鼓把是一根铁棍，下端有铁环，环上挂小铜铃，其形颇像团扇，故称扇鼓。主要出现在庙会上或者是庙的开光典礼等地方，是我国古代民间的一种敬神舞蹈。

荆条拍打孩子，每人反复开锁3次。唱词多是保佑孩子健康、聪明的语言，比如：天门开，地门开，奶奶面前开锁来，头上打打，精明伶俐，脚下打打，长命百岁。

开锁仪式也是一种较早的成人礼。涉县的村名、地名很多与女娲文化有关，如弹音村与女娲造笙簧有关，磨盘山与女娲造人有关，桃城村与女娲教民种植有关。

女娲是华夏先民最伟大的母亲，每当正月初一、正月十五、端午节、七夕节、中秋节等重要岁时节庆日，人们都要到娲皇宫拜谒女娲，并把这些节庆当作女娲赐给他们的幸福和节庆欢乐。

女娲文化作为始祖文化的重要组成部分，长期以来都有着丰富的文化内涵，有神话传说故事、民间祭祀朝拜、祈禳还愿、史料记载等内容，且流传地域广泛，妇孺童叟皆知，久传不衰，有口皆碑。

长期的祭祀活动积淀成厚重的女娲文化，伴随着祭祀活动，同步产生了祭祀音乐、祭品文化、祭器文化、服装文化，在打扇鼓、坐夜、求应等朝拜形式上也有很高的民俗研究价值，对于满足人类的祈禳、求应增加了丰富的内容，融入了丰富的文化内涵。

阅读链接

我国民间相传，女娲在造人之前，于正月初一创造了鸡，初二创造狗，初三创造猪，初四创造羊，初五创造牛，初六创造马。初七这一天，女娲用黄土和水，仿照自己的样子造出了一个个小泥人。她造了一批又一批，觉得太慢，于是用一根藤条，沾满泥浆，挥舞起来，一点儿一点儿的泥浆洒在地上，都变成了人。为了让人类永远流传下去，她创造了嫁娶之礼，自己充当媒人，让人们凭自己的力量传宗接代。

中华始祖轩辕黄帝的祭典

那是远古的时候，华夏部落降生了一个神奇的男孩儿。据传，他出生几十天就会说话，少年时思维敏捷，青年时敦厚能干，成年后聪明坚毅。这个男孩儿因为居住在轩辕之丘，就是后来的河南新郑的西北，开始就以"轩辕氏"为号，人们称他为轩辕。也有说因为他发明了轩辕，就是一种古老的车，所以人们称他为轩辕。

轩辕继承了有熊部落的首领之位后，因为这个氏族居住在黄土地上，人们在黄土地上耕种生存，以地为大，于是就把轩辕首领称为黄帝，就是管理整个黄土的帝。

黄帝继承部落首领后，有熊氏的势力得到迅速发展，并形成

轩辕黄帝铜像

了一个独立的黄帝部落。黄帝部落在从姬水向东发展的过程中，将原始农业发展到高度繁荣的阶段，使本部落迅速发展壮大。

■涿鹿故城壁画

黄帝当政期间，九黎族部落首领蚩尤暴虐无道，到处发动兼并之战。蚩尤在向炎帝部落发动战争时，由于炎帝部落以农耕为主，不敌蚩尤的进攻。炎帝无奈，只好求助于黄帝。

黄帝毅然肩负起安定天下的责任。黄帝与蚩尤大战于涿鹿，双方的战士英勇无畏，战斗十分激烈。黄帝在大将风后、力牧的辅佐之下，终擒蚩尤而诛之，各部落于是尊黄帝为部落联盟首领，这样黄帝便成为天下的共主。因为黄帝有土德之瑞，是管理整个黄土的，所以沿袭尊称为黄帝。

不久，天下又出现骚乱。黄帝知道蚩尤的声威还在，于是画了蚩尤的面相到处悬挂。天下的人都以为蚩尤未死，只是被黄帝降服了，于是更多的部落都来

蚩尤 远古时代九黎族部落的首长，也是苗族相传的远祖之一，我国神话中的古代战神。也是牛图腾和鸟图腾氏族的首领，其中，双角牛头又是传统的龙文化里的龙。传说，蚩尤的身体异于常人，铜头铁额，刀枪不入，作战时善于使用刀、斧、戈，不死不休，勇猛无比。

■ 黄帝塑像

传统的祭典

皋陶 偃姓，又作咎陶、咎繇，也作"皋陶""皋繇"或"皋繇"，我国古代传说中的人物。史书典籍中多称为"大业"，传说他是我国上古"五帝"之首少昊的后裔，东夷部落的首领。皋陶是舜帝和夏朝初期的一位贤臣，以正直闻名天下，是上古中华第一任司法部长，后常为狱官或狱神的代称。

归附。后来，蚩尤被尊为战神。

炎帝虽然被蚩尤打败，但实力尚存。他不满黄帝成为天下共主，企图夺回失去的地位，于是起兵反抗。炎、黄二帝发生火并，决战在阪泉之野进行。经过三场恶战，黄帝得胜。从此，黄帝天下共主的地位最终确立，号令天下，凡是不顺从的部落，他就去加以讨伐。

黄帝在位时间很久，国势强盛，政治安定，文化进步，有许多发明和制作，如文字、音乐、历数、宫室、舟车、衣裳和指南车等。相传尧、舜、禹、皋陶、伯益、汤等均是他的后裔，因此黄帝被奉为中华民族的共同始祖。

黄帝是我国远古时期的部落首领，是原始社会父系时期的代表性人物，以其文治武功统一了当时的各个氏族部落，成为中华民族最早的一位领袖人物，开创了人类从野蛮走向文明的一系列物质文明和精神文明，开启了中华民族灿烂文化的篇章，因此被尊为中华民族的人文初祖，是我国古代文明的象征。

古代的人们认为"万物本乎天，人本乎祖"，因而非常重视对祖先的祭祀，黄帝去世后，对黄帝的祭祀又逐渐显现出一种新的迹象，黄帝不但作为华夏民族的始祖，还赢得了其他部族的崇敬。

后世子孙为了表达对黄帝的功绩的怀念与感戴，对他进行隆重的祭祀。据马骕《绎史》引证《竹书纪年》及《博物志》记载：

黄帝崩，其臣左彻取衣冠几杖而庙祀之。

黄帝祭祀便从此开始，据《礼记》记载，虞、夏、商、周都祭祀黄帝。此后，历经秦、汉、魏、晋、隋、唐、宋、元、明、清各朝代，对黄帝的祭祀，上至王宫贵族，下至黎民百姓，历经千年而不衰，正反映了中华民族对先祖的"报功崇德""继志述事""慎终追远""民德归厚"的民族精神和情操。

随着历史的演变，黄帝陵祭祀活动在长期的实践中成为国家的盛典，形成了既定的规模格式和祭典礼仪，大致可分为公祭和民祭两种形式。

■ 黄帝故里的庙宇

传统的祭典

《左传》 原名《左氏春秋》，汉代改称《春秋左氏传》。相传它是春秋末年左丘明为解释孔子的《春秋》而作，但实质上是一部独立撰写的史书。《左传》起自公元前722年，迄于公元前454年，以《春秋》为本，通过记述春秋时期的具体史实来说明《春秋》的纲目，是儒家重要经典之一。

远古时期，人们对于祖先的祭祀主要是郊、祖、宗三大类。所谓郊，就是在祭祀上帝的时候同时还祭祀祖先。黄帝崩，当时人们自然要根据传统习惯祭祀黄帝。

在古代，各部族祭祀的对象和内容都是互不统属的。《左传》说，神不歆非类，民不祀非族。因此，黄帝的祭典也可能在本族内部流行了相当长的时间，在当时祭祀始祖的禘礼中，黄帝占有很重要的地位。

作为天帝之一的黄帝祭祀在春秋战国时代，随着阴阳五行学说的流行和发展，出现了六天说，而黄帝作为五方帝之一，在郊天之礼中得到附祭，有时还得到特祭。在天帝祭典中与黄帝之祭有较多关系的有圜丘祭天和"五郊"。

在两汉以后，黄帝作为历代帝王之一在中央的三皇五帝庙中得到祭祀，时间一般是春、秋各一次祭

■ 黄帝陵庙宇

祀。可以断定，在唐玄宗天宝六年，即747年，即有比较固定的祭礼、祭器规定，而这些规定一直延续到了清代，黄帝祭典开始成为定制，只有个别细节在不同朝代有所变化。

这种祭典大致有三类内容。其一是作为天帝之一在郊祭天地的大典中得到附祭；其二是作为历代帝王之一在历代帝王庙中被祭祀；其三是作为帝王陵寝之一的黄帝陵受到祭祀。

作为始祖的黄帝祭祀据《国语·鲁语》记载，有虞氏和夏后氏都将黄帝视为自己的始祖加以祭祀。在古代，祭祀始祖的具体礼仪可分两类：一是在祭天之礼中配祭始祖；二是在宗庙举行的禘祫之礼和时享之礼中加以祭祀。

祭天之配祭礼仪，包括很多重要的环节。君主首先要进行斋戒，安排相关人员陈设，安置黄帝神主于上帝神主之左，在黄帝神主前，也陈列牛、羊、豕三牲及其他祭器。准备相应祭品。

紧接着，就是祭日早晨了，礼官请上帝神主至神坛时，也请黄帝神主。皇帝就祭坛。皇帝至上帝神、黄帝神主前上香，请神降临。并奠玉帛、进俎。皇帝

■ 黄帝石像

《国语》 我国最早的一部国别体著作。记录了周朝王室和鲁国、齐国、晋国、郑国、楚国、吴国、越国等诸侯国的历史。上起周穆王西征犬戎，下至智伯被灭，包括各国贵族间朝聘、宴飨、讽谏、辩说、应对之辞以及部分历史事件与传说。

《大唐开元礼》

唐开元中敕撰，150卷。唐初礼司无定制，遇事临时议定礼仪。开元中从张说奏，取贞观、显庆礼书，折中异同，以为定制。由徐坚等创始，萧嵩等完成。此书修成于唐代开元盛世，这一时期也是我国古代社会的全盛期。

及众官俱跪读祝文，根据《大唐开元礼》规定，皇帝恭读祭文为：

维某年多次目朔日，用致火香祀于皇天上帝，优惟庆流长发，德冠思文，对越昭升，永言配命，谨以制帛牺齐，粢盛庶品，式陈明荐，侑神做主、尚飨。

读完祭文，皇帝再向上帝神和黄帝献爵，行亚献礼、终献礼、饮受福胙，撤馔，最后送神，望燎，祭祀仪式结束。

值得一提的是，在公祭轩辕黄帝典礼仪式上，一般都会供奉鼎、俎、簋、尊、壶、爵、笾、编钟等祭器和各种极具民族文化传统的器具。

按照中华文化传统，祭器体现着祭祀者对受祭者

■ 黄帝陵衣冠冢

■ 黄帝陵

的尊重程度和祭祀的礼仪等级，是各种祭祀礼仪中备受关注的一个项目。

黄帝是中华民族人文初祖，公祭轩辕黄帝典礼作为国家大祭，应该享有最高等级的祭祀礼仪。历朝历代对黄帝的祭祀，都使用天子级别的"九鼎八簋"。

早在周代时期青铜器就是贵族世家的标志了，也是庙堂中不可或缺的器具。周代以后包括明清在内历朝历代的宗庙祭祀、三皇五帝祭祀、孔庙祭祀以及天坛、社稷的祭祀等，也都使用青铜礼器，式样都是仿自商周。

在清明公祭轩辕黄帝典礼仪式上，供奉的鼎、俎、簋、尊、壶、爵、笾、编钟等祭器就是按照这一原则供奉的。如在黄帝陵公祭的典礼上，就供奉了共58件、套的祭器，其中就有鼎一列9件。

这9件鼎的原型采用西安长安区出土的勾连雷纹

编钟 我国古代汉族的击奏体鸣乐器，编钟兴起于西周，盛于春秋战国直至秦汉。它用青铜铸成，由大小不同的扁圆钟按照音调高低的次序排列起来，悬挂在一根巨大的钟架上，用丁字形的木锤和长形的棒分别敲打铜钟，能发出不同的乐音，因每个钟的音调不同，按照音谱敲打，可以演奏出美妙的乐曲。

■ 轩辕庙前的鼎

鼎，形制纹饰相同，大小相次，最大的通耳高135厘米，最小的通耳高55厘米，圆形，窄平沿，双立耳，圆底，3条柱足，内壁铸篆书铭文，内容为：

赫赫吾祖，德惠永长；祚我华夏，弥刚弥强；载宁九州，民富小康；鼎铸盛世，用祀用享。

篆书 是大篆、小篆的统称。大篆指甲骨文、金文、籀文、六国文字，它们保存着古代象形文字的明显特点。小篆也称"秦篆"，是秦国的通用文字，是大篆的简化字体，其特点是形体均匀齐整、字体较籀文容易书写。

俎有9件，与9鼎配套，原型采用《商周彝器通考》著录中的兽面纹俎，形制、纹饰、大小相同，通高46厘米，长88厘米，宽22厘米。

簋有8件，与9鼎配套，原型采用陕西泾阳高家堡出土的夔龙纹方座簋，形制、纹饰、大小相同，通高40厘米。

尊有4件，其中，圆尊2件，原型采用的是陕西扶风出土的商尊；方尊2件，原型采用荣子方尊，均通高65厘米。

壶有4件，其中圆壶2件，原型采用陕西扶风出土的微伯壶，直口长颈，圆腹圈足，颈部有一对衔环兽首耳。方壶2件，原型采用陕西眉县出土的单五父壶，圆角方形，直口长颈，颈部有一对衔环顾龙形耳，均通高65厘米。

爵有4件，原型采用陕西扶风出土的父辛爵，通高60厘米。

笾有8件，原型采用陕西扶风出土的微伯口铺，直口浅盘，喇叭形镂空座，通高25厘米。

还有其他小件共9件，其中小爵4件，做祭酒之用，通高22厘米；烛台4件，仿河南三门峡出土的跽坐人漆绘灯，跽坐人头梳偏髻，着小冠，身着右衽长袍，腰束宽带，双手撑掌灯柄，灯呈浅盘形，通高35厘米；香炉1件，仿曾侯乙鼎，浅腹平底，两耳外

香炉 即是焚香的器具。用陶瓷或金属做成种种形式。其用途亦有多种，或熏衣，或陈设，或敬神供佛。我国香炉文化的历史可以追溯到商周时代的"鼎"。香炉起源于何时，尚没有定论。古代文人雅士把焚香与烹茶、插花、挂画并列为四艺，成为他们重要的生活内容。

■ 黄帝故里壁画

张，三足呈兽蹄形，通高35厘米，口径45厘米。

此外，还有编钟、编磬和建鼓各一套。在黄帝像前方的左侧和右侧设有编钟、编磬和建鼓各一套。钟、磬和鼓这些打击乐器在古代祭祀和宴飨中同样占有重要地位，是不可或缺的礼器。编钟原大仿制湖北随州市擂鼓墩出土的曾侯乙编钟，全套共65件，重5吨。

编磬放置在黄帝像前方的左侧，与编钟相配套，共32枚，仿湖北荆州出土的彩绘编磬制作。建鼓亦放置在黄帝像前方的左侧，仿曾侯乙建鼓制作。

祭祀是中华民族缅怀先贤、先祖的传统习俗，在古代祭祀是国之大事，古语云："国之大事，在祀在戎。"

黄帝开创中华民族文化及其民族精神，在民族发展史上的作用是全面的、深入的、无所不包的。之所以要祭祀黄帝，就是要弘扬黄帝文化，传承黄帝精神，继承祖先遗志，奋发图强，继往开来。对进一步增强民族情感和文化认同，凝聚民族力量，增强民族团结，振奋民族精神，有着不可替代的重要作用。

阅读链接

传说黄帝发明了一种带轮子的运输工具。仓颉起名叫"车"，成为迁徙游牧生活的运载工具，大大减轻了先民的体力。为了让人们永远记住这个功劳，仓颉和各位大臣商议，命名车为"轩辕"。黄帝当时没有一个正式名字，就以"轩辕"作为黄帝的正式名字。

黄帝被先民们拥戴为尊长，一直没有正式"职称"。大臣们起了很多尊称，黄帝都不同意。最后，黄帝觉得，土是黄色，土能生万物，土是人们生存的靠山，先民们又是黄皮肤，所以确定自己的尊称是"黄地"。从此，"轩辕黄地"就定了下来。殷商时代，一些文人觉得把祖先称"黄地"不雅，故借"地"和"帝"谐音，把"黄地"改为"黄帝"，"轩辕黄帝"从此沿用下来。

先贤英雄祭典

团结统一、爱好和平、勤劳勇敢、自强不息的伟大民族精神一直都深深根植于我国延绵数千年的优秀文化传统之中，是维系中华各族人民共同生活的精神纽带，也是一个民族的命脉所系。

不论是先秦儒家的仁道、忠恕、博爱的思想，还是关圣人待事以忠、待人以仁的民族精神和大义，还是宋代岳飞的精忠报国、遗风余烈的儒将风范，以及一代天骄成吉思汗坚韧不拔、勇猛无敌的精神，都是我们中华民族的历史文化积淀，也是构成中华民族精神的资产，值得世人铭记和代代相传。

缅怀圣人孔子的国之大典

青年孔子像

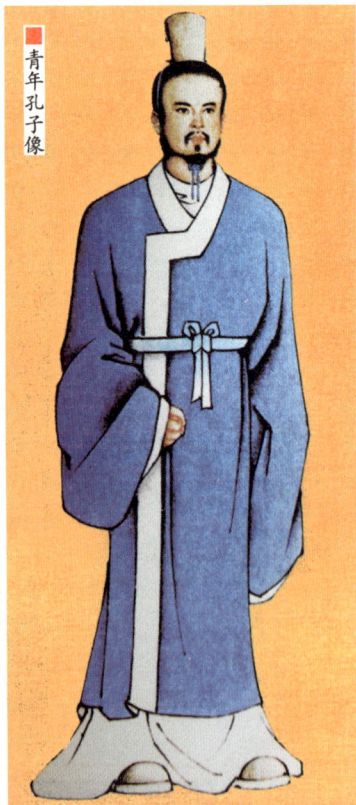

鲁襄公二十二年八月二十七日申时，就是公元前551年，在鲁国的陬邑曲阜东南的孔纥家里，一个男婴降生了。

男婴因为生来头顶很凸，就像一个小山一样，又因其母亲曾经祈祷于尼山而得子，故取名为孔丘，字仲尼。他虽然从小家庭贫困，但是一直都勤奋好学。

曲阜是鲁国的国都，鲁国为西周初年周公的封地，出于这个原因，周天子给了鲁国高级别的待遇，西周许多典章文物都被周公带到了鲁国。西周末年，社会动荡，周王室的许多典章文物都散佚不见了，鲁国却保留了不少，因此人们说"周礼尽在鲁"。

孔丘从小就受到周礼的耳濡目染，他与小伙伴们嬉戏时，常把祭祀礼器摆放出来，练习礼仪。日复一日，他尽情地和小伙伴们玩儿着这种游戏。

孔丘长大后，身高九尺六寸，因此乡人称其为"长人"。他勤奋好学，当时社会上要求士人必须精通"礼、乐、射、御、书、数"六大科目，他都努力去掌握。他进太庙时遇见什么问什么，表现了极其强烈的求知欲，所以有了"子入太庙每事问"的典故。

■孔子学琴师襄图

孔丘时刻不忘随时随地研习周礼，通过不断观摩钻研，他对周礼越来越熟悉，他的名气也越来越大，就连鲁国国君也开始注意到他了。

孔丘17岁时，母亲颜徵在去世了。母亲离世后，他的生活更为艰难了。迫于生计，他选择了相礼助丧的职业，也叫丧祝，就是专门为贵族和富裕平民主持、操办丧事。

孔丘虽然严肃认真地从事着助丧相礼的职业，但是他不满足于只做传统的丧祝者，他希望把丧祝的礼仪发扬光大，使其成为一套社会规范的礼仪。于是他继续刻苦学习周礼，很快其渊博的学识和出众的才华在丧祝活动中得到越来越多人的承认和赏识，他的名

鲁国 周朝的同姓诸侯国之一。姬姓，侯爵。周武王灭商，建立周朝后，封其弟周公旦于少昊之墟曲阜，称为鲁公。鲁公之"公"并非爵位，而是诸侯在封国内的通称。鲁国先后传25世，经36位国君，历时800余年。鲁国的主体民族是华夏族和当地的夷族。

■ 孔子问礼老聃图

正卿 春秋时部分诸侯国的执政大臣兼军事最高指挥官，上卿兼执政卿于一身，权力仅次于国君。亦有部分诸侯因政体不同，未设正卿一职。由于正卿为要职，终身执掌一国之命脉，权臣代替国君发号施令，容易造成君权下移于卿大夫之手，后被废除。

气也越来越大了。于是，便有一些年轻人慕名而来求学于他，并尊称他为孔子。

孔子渊博的学识和出众的才华，得到越来越多人的承认和赏识，在鲁国执政的正卿季武子就派人前来请他，让他担任中都宰。

孔子恪尽职守，正直公正，工作卓有成效，得到了众人赞誉。与此同时，他一面做好本职工作，一面更加孜孜不倦地学习。他越学越感到不满足，越学越感到自己与古代文化结下了不解之缘。在此期间，曾点、颜路等青年先后拜孔子为师，做了孔子的学生。

随着孔子名声越来越大，前来拜孔子为师的人越来越多。他便在阙里的街西边筑起了杏坛，建成了我国历史上的第一所民间学堂，由此开启了我国私人办学的先河。他提出了"有教无类"，强调所有人都可以接受教育。

孔子的私人办学受到了上至达官贵族下至平民百的普遍欢迎。孔门弟子最多时达到了3000多人，其中贤能者有72位。

当时正是百家争鸣时期，孔子的言论是百家争鸣中最有影响的。以孔子为代表以及他的弟子们崇尚"礼乐"和"仁义"，提倡"忠恕"和"中庸"之道，主张"德治"和"仁政"，重视伦常关系，成为当时一个最重要的学术流派。

孔子曾经从事过丧祝，他的学问也是从丧祝发展而来的，而从事丧祝的人需要身着特制的礼服，头戴特制的礼帽，当时称之为"襦服"。"襦"与"儒"字同音，人们便逐渐直接称"丧祝"为"儒"了。于是，人们就把孔子创立的学派也就称为"儒家"学派了。

孔子曾经带领弟子周游列国，晚年他返回鲁国后，鲁国给予了他很高的待遇，并尊他为国老。他晚年专心从事古代文献整理与传播工作，致力于教育。

孔子系统地编写了《易传》。他还把相当一部分的精力放在了编订其他儒家经典著作上，儒家的六部经典著作"六经"都是在这个时期编订的。"六经"包括《诗经》《尚书》《仪礼》《乐经》《周易》《春秋》。

百家争鸣 指春秋战国时期知识分子中不同学派的涌现及各流派争芳斗艳的局面。据记载，当时数得上名字的学派一共有189家。但影响较大、最为著名的不过几十家而已，归纳而言只有10多家发展为学派。其中以孔子、老子、墨子为代表的三大学派最有影响，形成了诸子百家争鸣的繁荣局面。

缅怀千载 先贤英雄祭典

■ 孔子讲学图

《仪礼》 儒家十三经之一，内容记载着周代的冠、婚、丧、祭、乡、射、朝、聘等各种礼仪，其中以记载士大夫的礼仪为主。秦代以前篇目不详，汉代初期高堂生传仪礼17篇。另有古文仪礼56篇，但已经散佚。

同时，孔子又借鉴、吸收了老子的某些思想，形成了自己的思想价值观，就这样，早期儒家的思想体系终于诞生了。

孔子的弟子都非常尊敬他，他们把孔子的思想进行了广泛传播，在当时产生了很大影响。后来，孔子主要弟子及其再传弟子把孔子的言行记录并整理成了一部书，内容包括孔子谈话、孔子答弟子问、弟子之间的相互讨论以及弟子对孔子的回忆等，并取名为《论语》，意思是语言的论纂。

这部书集中体现了孔子的政治主张、伦理思想、道德观念及教育原则等。全书共20篇，每篇由若干段文字组成，多数段落是以"子曰"开头的孔子语录，少数段落略有记事和对话。

孔子毕生的倡导和历代儒家的发展，使我国儒家学说成为中华文化的主流，作为我国人民的指导思想

■ 孔子去鲁图

孔子退修琴书图

逾2000余年。孔子思想体系的核心是德治主义，他执着地倡导德化社会与德化人生。德化社会的最高标准是"礼"，德化人生的最高价值是"仁"。

在孔子死后的第二年，也就是公元前478年，鲁哀公下令在曲阜阙里孔子旧宅立庙，将孔子生前所居房屋三间改为寿堂，陈列孔子生前使用的衣、冠、琴、车、书等，并按岁时祭祀，以此开启了祭祀孔子的先河。

祭祀孔子的典礼，称为"奠礼"。释、奠都有陈设、呈献的意思，指的是在祭典中陈设音乐、舞蹈，并且呈献牲、酒等祭品，对孔子表示崇敬之意。最初祭孔每年只有秋季一次，后增为春、秋两次。

后来，人们又在农历八月二十七日孔子诞辰这天举行大祭。这一天的祭孔仪式隆重，在私塾念书和在学堂里学习的学生也要放假一天至三天，以示敬重。参加祭孔的人员，最初只限于孔氏直系子孙。

祭孔被当作国家的大典后，家祭仍照常进行。国祭多由皇帝专门指定的大臣、地方官或皇帝自己亲至阙里孔庙致祭。

公元前195年，汉高祖刘邦"自淮南过鲁，以太牢祀孔子"，同时封孔子九代孙孔腾为"奉祀君"，负责有关祭祀孔子的事项。

此时，释奠几乎成了祭孔的专名，在此之前的周代比较多，有先圣、先师、先老、行者之先等，但是随着历史的发展，释奠对象逐渐只剩下先圣和先师了，因此后世释奠礼的对象固定为作为至圣先师的孔子、孔门弟子以及历代有重大成就的儒门圣贤和儒学家。

东汉明帝时，诏命祀先师孔子和先圣周公。据《阙里志》记载：

灵帝建宁二年，祀孔子，依社稷。

也就是说，孔子享受和社稷神同样的祭祀规格。魏晋、南北朝期间，有时又以孔子为先圣、以颜回为先师奉祀。拜孔揖颜之礼更多是在国家太学举行，往往是国子监祭酒负责典礼。

445年，南朝皇太子释奠孔子用乐奏登歌，此为释奠孔子用乐的开始。从隋文帝仁寿元年起，祭孔乐舞规定为孔子释奠专用。

祭孔乐舞是孔庙祭祀大典的专用乐舞，以乐、歌、舞配合于礼制，是孔庙释奠礼的重要组成部分，但是这种乐舞仅限于"国祭"和"丁祭"，也就是在春夏秋冬四季仲月即农历二月、五月、八月、十一月的上丁日等重大的祭孔大典时才可以使用。

在我国古代，祭孔乐舞所用音乐的曲谱、宫调和舞蹈的舞谱图示均由皇帝审定钦颁，其他任何人不得擅自更改。然而自古礼不相沿、乐不相袭，大凡改朝换代，必有制礼作乐。因此，历代制定的祭孔乐舞均有所不同。

东魏孝静帝兴和元年，兖州刺史李珽修建孔子及十弟子塑像，立碑于庙廷。

到了唐高祖李渊时期，曾于619年在国子学中立孔子庙和周公庙，亲往释奠，从此以后这项祭祀活动

颜回 （公元前521年-公元前490年），字子渊，春秋时期鲁国人。颜回14岁即拜孔子为师，此后终生师事之。在孔门诸弟子中，孔子对颜回称赞最多。历代文人学士对颜回也无不推尊有加，自汉高祖以颜回配享孔子、祀以太牢，三国魏正始年间将此举定为制度以来，历代君王无不尊奉颜回，封赠有加。

缅怀千载
先贤英雄祭典

■ 祭孔大典情景模拟表演

刺史 我国古代官职之一。汉初，文帝以御史多失职，命丞相另派人员出刺各地，不常置。刺史主要负责巡行郡县，分全国为十三部，各置部刺史一人，后通称刺史。刺史制度在西汉中后期得到进一步发展，对维护皇权，澄清吏治，促使昭宣中兴局面的形成起着积极作用。

■祭孔大典表演

就多由皇帝和皇太子亲自祭奠了。

唐太宗以孔子为先圣，以颜回为先师，并昭尊孔子为宣父，在曲阜建孔庙。贞观年间，由皇太子释奠，并作初献，以国子祭酒为亚献，以兖州刺史为终献，以22位儒家学者配享。

626年，唐高祖命太常寺祖孝孙、协律郎窦琎等人取"大乐与天地同和"之意制作"大唐雅乐"十二章，又称"十二和"。包括全部御用乐舞，祭孔乐舞属于十二和的组成部分。

贞观年间，协律郎张文收奉诏与起居郎吕才再行考证律吕，规定祭孔释奠用"登歌"，奠币乐奏《肃和》、入豆和彻豆，乐奏《雍和》，舞蹈则有文舞和武舞。

后来到唐玄宗开元年间，增"十二和"为"十五和"。在《全唐诗》中记述的关于释奠文宣王乐章有

七章，分别是《诚和》《承和》《肃和》《雍和》《舒和》《迎神》《送神》。

唐玄宗在位的720年，初定十哲配祀孔子庙，在先圣庙树立孔子、颜回等十哲雕塑坐像，并在墙壁绘上70位孔门弟子和22位贤人的画像。在东京洛阳，西京长安，用太牢牺牲，一起举行祭祀，音乐规格为宫悬，舞为六佾。这一切，都已经是仅次于天子的规格了。

五代后汉时，废除唐开元年间新增的三章，改"十二和"为"十二成"，释奠时改《宣和》为《师雅》。后周时改"十二成"为"十二顺"，释奠时去《师雅》而乐奏《礼顺》。

宋代是孔氏受朝廷恩宠较为兴盛的时期，宋太祖建隆元年，亲谒孔子庙，诏增修祠宇，绘先圣先贤先儒像，同时命太常寺、翰林院学士窦俨等人制作祭祀乐舞，改"十二顺"为"十二安"。祭祀文宣王用《永安》之乐。皇帝亲祀时，乐用"宫悬"，当时，乐置四面，中间设舞为"宫悬"，释奠用《永安》之乐。

962年，诏祭孔子庙，用一品礼，立十六戟于庙门。之后宋仁宗皇

■ 祭孔舞蹈

传统的祭典

帝诏宰臣吕夷简等人修订祭孔乐舞,以《凝安》取代《永安》。祭孔时,升殿与降阶乐奏《同安》,奠币乐奏《明安》,酌献乐奏《成安》,饮福乐奏《馁安》,送神乐奏《凝安》。

1008年宋真宗赐孔子庙经史,又赐太宗御制御书150卷藏于庙中书楼。二年春二月,诏立孔子庙学舍。

三月颁孔子庙桓圭一,加冕九旒,服九章,从上公制。夏五月诏追封孔子弟子,秋七月加左丘明等19人封爵。

1010年又颁释奠仪注及祭器图,建庙学,颁降曲阜孔庙释奠乐章,其中增加了升阶和奠币两个乐章。

到了宋徽宗时期的1105年,专门设置了"大成乐府",主持制定祭孔乐舞。

金世宗在1174年定金乐为"太和之乐",每首乐章以"宁"字命名,如释奠迎神乐奏《来宁》,盥洗乐奏《静宁》,奠币与初献乐奏《和宁》等。

从元到清,孔庙神灵的设置,都基本沿袭宋朝确定的格局。明初,朱元璋尊孔循礼,规定每年仲春和仲秋的第一个丁日皇帝降香,遣官祀于国学。以丞相初献,翰林学士亚献,国子祭酒终献。

在此期间,元乐共有19篇诗歌,七章曲谱,演奏三十四成,变换六七个宫调。乐章以"明"字命名，如迎神乐奏《文明》，盥洗乐奏《昭明》，升殿与降阶乐奏《景明》，奠币乐奏《德明》，酌献乐奏《诚明》，亚献、终献乐奏《灵明》，送神乐奏《庆明》，但是"乐悬"仍保持"登歌"的形式。

直到1368年明太祖朱元璋命乐律官更制乐谱，乐章复以"和"定名，不久之后便向曲阜及全国颁发"大成乐"专祀孔子。后世的明宪宗增祭孔乐舞为"八佾"，加"笾""豆"为十二，以皇帝用乐和祭祀天神礼仪的规格祭祀孔子。

明世宗时又复"乐用轩悬，舞用六佾"。明乐将元乐19篇综合为六章六奏，并继承了唐以来乐、歌、舞三位一体的综合艺术形式，使祭孔乐舞趋向于完善和精练。

在清代初期，盛京即建有孔庙。定都北京后，顺治皇帝就曾在弘德殿祭先师孔子。在京师国子监立文庙，庙内有大成殿，专门用来每年举行祀孔大典。文庙中还有启圣祠、燎炉、瘗坎、神库、神厨、宰牲亭、井亭等设施。

■孔子庙

■ 祭孔大典表演

传统的祭典

时间流转，到了1667年，清康熙皇帝再作"中和韶乐"，取"天下太平"之意，乐章均以"平"字来命名，颁至国学，为释奠孔子之用。

迎神乐奏《昭平》，初献乐奏《宁平》，亚献乐奏《安平》，终献乐奏《景平》，彻馔乐奏《咸平》乐章。送神和望瘗时，更换歌词，再复奏《咸平》之曲，全乐为五曲七奏。

乾隆皇帝即位之后，于1743年颁给全国各郡县及阙里孔庙"四时旋宫"之乐，对康熙时的乐名有所改动，全曲更为六章八奏，后世基本沿袭了这一乐舞程序。

同时，朝廷追封孔子为"大成至圣文宣先师"，其祀礼规格又上升为上祀，行奠帛、读祝文、三献、三跪九拜大礼等，俨然与天、地、社稷和太庙的规格平起平坐了。整个清朝仅乾隆皇帝一人就先后8次亲临曲阜拜谒孔子，祭祀规模则更是隆重盛大，达到了顶峰。

这个时期的释奠礼作为一种祭祀礼仪，继续保持着祭祀礼仪的基本程序结构，也就是斋戒、陈设、降神、三献、辞神等仪式。

释奠礼不设尸位，即便是较早的释奠礼也不设尸位。因为先师的思想和意图在一个传统的精神生活中

乐舞 原始社会的音乐和舞蹈是紧密结合在一起的，这些乐舞与先民们的狩猎、畜牧、耕种、战争等多方面的生活有关。唐乐舞气势磅礴，场面壮观，集诗、词、歌、赋于吹奏弹唱中，融钟、鼓、琴、瑟于轻歌曼舞中。乐曲高亢悠扬，动作舒展流畅，服饰华丽多姿，堪称历代歌舞之最。

具有高度的重要性和敏感性，没有人能够代表先师受祭，任何代表机制，即便是祭祀中礼仪性的代表机制，都可能存在扰乱教义的风险。

释奠礼是国家最高等级的礼仪，并严格按照既定的规格和程序进行。这一点可以从正坛的"笾豆各十"以及"成化十二年，增乐舞为八佾、笾豆各十二"看出。祭祀时的笾豆数、乐舞为多少佾以及与祭者的身份是表明祭祀规格的指标。笾豆十二和八佾，这是最高等级的规格。

祝文中所谓"皇帝遣具官某，致祭于大成至圣文宣王"，即它是皇帝委派某官来祭祀，也是最广泛的公共祭祀。各地的孔庙和学校均可以举行释奠礼。因为释奠礼是公祀，祭祀规模较大，所以在礼仪程序中应有以通赞唱引等有组织的、统一的方式进行，方能组织和协调众多参祭者的施礼行为。

■ 祭孔仪式

大成殿祭孔场景

　　古代释奠礼，祝文基本是固定的，仅将岁月干支依时变更。《大唐开元礼》等历代礼书都有明确的范文，均沿用古来惯例，参考历代祭文，撰定蓝本，以推行开来。一般的格式如：

　　维某年岁次某甲子某月朔某日某衙门某官某等，敢昭告于至圣先师孔子。惟师德配天地，道冠古今，删述六经，垂宪万世，兹惟仲（春秋）谨以牲帛醴齐，粢盛庶品式陈，明荐以复圣颜子、宗圣曾子、述圣子思子、亚圣孟子配享。

　　在释奠礼过程中要有乐舞，一般情况下，普通祭祀礼仪可以省略乐舞，但乐舞在祭祀孔子的释奠礼中有发扬礼乐精神的特殊含义，所以在较为隆重的祭祀场合都要安排乐舞。

　　祝文是释奠礼十分重要的一部分，不同于普通祭祀中祝文表达对祭祀对象的礼敬。释奠礼具有通过释奠所选择和尊重的先师来表明对儒教传统的认同、继承和发扬，从而表明国家遵循儒教传统的制度性的肯定。

要完成将祭祀孔子落实为宣示奉行儒教的礼仪，只有经过祝文的阐发，才能获得实现。在这个意义上说，释奠礼具有特殊的政治性和宗教性。

释奠礼中有讲经的传统。在举行释奠礼之前或之后，讲儒教六经或十三经中的某一经或某一经中的某一章，是古代释奠礼的传统，目的是传扬经典。

释奠礼中最重要的议程是三献礼，主祭人要先正衣冠、洗手后，才能到孔子香案前上香鞠躬，鞠躬作揖时男性要左手在前，右手在后，女性要右手在前，左手在后。所谓三献，分初献、亚献和终献。

初献帛爵，帛是黄色的丝绸，爵指仿古的酒杯，由正献官将帛爵供奉到香案后，主祭人宣读并供奉祭文，而后全体参祭人员对孔子像五鞠躬，之后大家再齐诵《孔子赞》。

亚献和终献都是献香献酒，分别由亚献官和终献官将香和酒供奉在香案上，程序和初献相当。

紧接着饮福受胙、彻馔、送神、望燎、击柷作乐，捧柷帛者过讫。最后司祝者捧祝文，司帛者捧帛诣燎所，将祝文及帛烧掉，礼毕。

总之，祭孔大典是集乐、歌、舞、礼为一体的庙堂祭祀乐舞，有"闻乐知德，观舞澄心，识礼明仁，礼正乐垂，中和位育"之谓，自古以

■祭孔仪式表演

望燎 也称望祭与燎祭。指在祭祀中，按大祭礼制规定，每次大祭要焚烧纸1万张、金银箔1万锭。烧祭时主家人要站在月台西南角的"望燎位"上观看，以尽孝道。这种仪式叫"望燎"，是祭祀最后一道程序。

祭孔鞠躬仪式

来就具有巨大的文化价值和艺术价值。

整个大典主要包括乐、歌、舞、礼4种形式，乐、歌、舞都是紧紧围绕礼仪而进行的，所有礼仪要求"必丰、必洁、必诚、必敬"。

大典用音乐、舞蹈等集中表现了儒家思想文化，体现了艺术形式与政治内容的高度统一，形象地阐释了孔子学说中"礼"的含义，表达了"仁者爱人""以礼立人"的思想，具有较强的思想亲和力、精神凝聚力和艺术感染力，对于弘扬优秀传统文化、营造和乐氛围、构建和谐社会、凝聚民族精神具有不可替代的社会作用。

阅读链接

孔子在学习方面是很虚心的，尤为刻苦。

有一次，孔子随师襄子学鼓琴，曲名是《文王操》。孔子苦苦练了很多日子，师襄子说"可以了"，孔子说："我已经掌握了这首曲子的弹法，但未得其数。"又练了很多日子，师襄子又说："可以了，你已得其数。"可是孔子仍说："不可以，未得其志。"又过了一段时间，师襄子认为这回真的可以了，可是孔子仍然认为自己没有弹好这首曲子，于是反复钻研，体会琴曲的内涵，直到他看到文王的形象在乐曲中表现出来了，才罢休。孔子精益求精的精神深深地感动了师襄子，用实践证明了"学而不厌，诲人不倦"的道理。

表达英雄敬仰的岳王祭祀

那是北宋年间，北方的游牧民族建立了一个王朝，称为金国。金国不断闯到宋地来抢东西，而且杀人放火。这让宋地的很多人没有房子住，没有东西吃。而当时的皇帝，懈怠朝政，致使宦官专权，军备废弛。

面对金国的袭扰，宋王朝的军队毫无抵抗之力，只能节节败退，国家处在生死存亡的关头。到了1126年的时候，金国大举入侵中原，有位叫岳飞的青年决定投入宋军报效国家。

岳飞投军之后，从1128年遇

■岳飞画像

岳飞和岳家军塑像

传统的祭典

宗泽（1060年~1128年），北宋末、南宋初抗金名臣，字汝霖，刚直豪爽，沉毅知兵。进士出身，历任县、州文官，颇有政绩，有《宗忠简公集》传世。宗泽东京保卫战是两宋之际以宗泽等抗战派将领为首的宋朝军民抗击金军侵略、保卫首都开封的重要战争。

到大将宗泽开始，到1141年为止的13年间，率领岳家军进行了大小数百次战斗，所向披靡。

岳飞重视团结百姓的力量，他缔造了"联结河朔"之谋，主张黄河以北的义军和宋军互相配合，夹击敌军，以收复失地。

岳飞治军赏罚分明，纪律严整，又能体恤部属，以身作则，他率领的"岳家军"号称"冻杀不拆屋，饿杀不打掳"，深得老百姓拥戴。

于是，金军中流传着"撼山易，撼岳家军难"的说法，表示对"岳家军"的最高赞誉。岳飞反对"仅令自守以待敌，不敢远攻而求胜"的消极防御战略，一贯主张积极进攻，以夺取斗争的胜利。

但是在宋王朝内部，以秦桧为主的保守派却一味求和，并以十二道金牌下令退兵。岳飞在大胜在望之下被迫班师。在宋金议和过程中，岳飞遭受秦桧、张俊等人的诬陷，被捕入狱。

1142年1月，岳飞以"莫须有"的"谋反"罪名与长子岳云和部将张宪同被朝廷杀害。

可以说，岳飞是我国古代治军的楷模，"岳家军"成为一时的典范。他虽然没有军事论著传世，但是从其散见于史书篇牍中的论述和军事实践中，可以看出岳飞军事思想的主要内容。

前人在总结岳飞的治军思想时指出六个方面，那就是兵贵精不贵多，谨训习，赏罚公正，号令严明，严肃纪律，同甘苦，这六方面的核心便是从严治军。

在武术史上，岳飞被后人尊为"武圣"，深受后世的敬仰。岳飞自幼拜名师习武，武功精湛，技艺出众。后来流传和形成的诸多拳派拳种，很多都冠以"创始人"岳飞之名，而盛传于民间各地，流传不绝，影响极深。

缅怀千载

先贤英雄祭典

■岳家军彩绘壁画

岳飞雕像

岳飞在作战中不仅强调要有勇敢的精神，而且更为重视谋略的作用。同时，岳飞注意灵活用兵。宋王朝实行"将从中御"，将帅作战必须依事先准备的阵图行事，不得擅自改变。岳飞认为，阵图有一定的局限，而战场是千变万化的，"古今异宜，夷险异地"，不能照搬阵图。

岳飞还说："兵家之要，在于出奇，不可测识，始能取胜，若平原旷野，猝与敌遇，何暇整阵？"因此，他提出"阵而后战，兵法之常，运用之妙，存乎一心"的思想。另外，岳飞还提出"善观敌者逆知其所始，善制敌者当先去其所恃"的思想。

岳飞虽然被杀害了，但是他的业绩不可磨灭。岳飞表达了被侵略民族的要求，坚持崇高的民族气节，坚持了正义的战争。

岳飞联合军民，保住了南宋半壁河山，使得我国南方的人民免遭战争的蹂躏，从而保住了高度发展的经济和文化，并使之得以继续向前发展。

岳飞被害后，狱卒隗顺冒着生命危险将岳飞遗体背出杭州城，埋在钱塘门外九曲丛祠旁。隗顺临终前，才将此事告知其子。

1162年，宋孝宗即位之后，岳飞的冤狱终于平反。隗顺之子告以

传统的祭典

前情，乃将岳飞以礼改葬在西湖栖霞岭。

1178年，谥岳飞为"武穆"，宋宁宗时追封为鄂王，理宗时改谥"忠武"。

此后，杭州、安阳等地都建造岳王庙。泉州晋江石龟村是岳飞第三子岳霖之妻的娘家，泉州人民同情与崇敬岳飞，感情更加强烈。建于南宋初年泉州东门外凤山的忠义庙，最早是祭祀岳飞的。此后，岳飞成为泉州的王爷神祇之一，还被道教奉为"护法四大元帅"之一。

元朝统一全国后，对于岳飞不仅给予封谥，而且支持对杭州的岳庙及坟墓的修缮。对此，元代史学家陶宗仪曾有记述，并在岳飞原有的封号上添增谥文，以示褒奖。

另外，陶氏记述，在元代初期，岳飞寺庙由衰败到修葺情况的同时，也表彰了地方官员为收回岳庙的旧田产和新赐墓田等所做的工作，说明元朝上至朝廷下至地方官吏都将岳飞作为忠臣烈士加以推崇。

根据元朝祭祀的规定，岳飞当属被崇祭祀的对象。《元典章》中记载了很多朝崇祭祀的诏旨，如1294年4月，元世祖忽必烈诏告各地官

杭州岳王庙

府，对五岳四渎，遣使诣祠致祭。其名山大川、圣帝明王、烈士载在祀典者，所在长吏，除常祀外，择日致祭，庙宇损坏，官为修理。岳飞墓也在修葺祭祀之列。

此后不久的1311年正月初五日，忽必烈又诏书天下，其路府州县名山大川、圣帝明王、忠臣烈士，凡在祀典者，各具事迹申闻，次第加封。除常祀外，主者施行，严加致祭，庙宇损坏，官为修葺。

从这些诏令来看，元朝政府对前代圣帝明王、忠臣烈士的祭祀及庙宇修复是有所规定的。因此，元朝杭州地方官对岳飞庙宇的修复和祭祀，并非完全出于个人原因，而是属于职责范围。

元朝不仅保护先贤遗迹，而且优待先贤之后。这一政策，在岳飞后人身上也有体现。早在元太宗统治时期，就曾访得岳飞之后汤阴人岳珍，授予许州长官。岳飞六世孙岳浚，于元成宗大德间，曾任石门县尉。英宗至治年间，任松阳县惠洽巡检司长官的岳自修，"字德敏，宋太师鄂忠武王五世诸孙，今为常之宜兴人"。

岳氏常州路宜兴州这一支血脉，是"岳王弟经略使之孙，自九江来居，由宋而元，子孙繁衍，文物之盛，拔萃同里"，元代已是"常

■岳飞率军出战的壁画

■ 杭州岳王庙岳飞墓

之望族"。岳飞死后数年，其孙岳珂曾编辑岳飞传记资料，定名《金佗稡编》，后原刻散佚。1361年，"江浙行省中书平章政事兼同知行枢密事吴陵张公，命断事官经历吴郡朱元佑重刻之"。由此可见，元朝对岳飞是尊崇的。

最能反映元朝政府对岳飞评价的资料，当属《宋史·岳飞传》。由元代国家组织修撰的《宋史》，是二十四史中一部官修正史。《宋史》对岳飞的评价，集中反映在该书的列传《岳飞传》中。可以说，《宋史·岳飞传》基本上反映了元朝官方观点。

书中将岳飞归入了南宋军事将领类中。在入传的南宋军事将领中，岳飞名列第二，仅次于韩世忠。岳飞与其子岳云独占一卷，足见岳飞在元朝史官眼中的地位之重。

此外，书中还将岳飞的人品、思想境界、以国家

《宋史》二十四史之一，收录于《四库全书》史部正史类。于1343年由元丞相脱脱和阿鲁图先后主持修撰，《宋史》与《辽史》《金史》同时修撰。《宋史》全书有本纪47卷，志162卷，表32卷，列传255卷，共计496卷，约500万字，是二十四史中篇幅最庞大的一部官修史书。

利益为重的精神以及岳飞的军事才能推崇备至。在普通百姓心中，对岳飞也就更加尊崇了。

在我国台湾的宜兰，每当岳飞诞辰这天，人们就会聚集在碧霞宫纪念岳武穆，以三献古礼祭拜，在编钟伴奏下，学童们扮起岳家军，持斧盾，跳佾舞，合唱《满江红》，歌颂岳武穆。

"……待从头、收拾旧山河，朝天阙。"当地官员们分别担任祝寿官、分献官，在礼生的引领下，以三献古礼祭拜。三献古礼，搭配古乐，迎神时，乐奏"景颂之章"，进馔时，乐奏"荐颂之章"，行初献礼时，乐奏"清颂之章"，亚献礼、终献礼时，乐奏"咸颂之章"，还特别以古乐器编钟伴奏，显得格外隆重。

整个仪式十分严谨，祭拜者读疏祝文，让参加祭祀的人们也感受到民族英雄的精神永留人间的意义。

在我国的河南安阳、开封朱仙镇、湖北武昌等地都有供奉岳飞的岳王庙，在这里，人们不仅可以表达对英雄的敬仰之心，还会在每年定期举行各种形式的纪念活动来怀念英雄，每当这个时候，香雾缭绕，绵延不绝。

阅读链接

早在岳飞为张所部下时，张所素闻岳飞"勇冠三军"，便问他："汝能敌几何？"

岳飞回答说："勇不足恃，用兵在先定谋。"

他列举春秋晋国"栾枝曳柴以败荆（楚），莫敖采樵以致绞"为例，认为此"皆谋定也"。因此，岳飞进一步肯定了谋略在作战中的作用。他说："谋者，胜负之机也。故为将之道，不患其无勇，而患其无谋。"明确指出了谋略是决定作战胜负的关键。岳飞不是莽汉，而是具有文韬武略的将帅之才。

天地大海祭典

　　我国古代的儒家文化，是很敬重"天地"的。在我国的普通老百姓家中，一般在中堂都供奉"天地君亲师"的牌位，"天地"牌位在"君"的牌位前面。如此，逐步形成了古代帝皇拜祭天地的仪式。

　　我国古代以天为至上之神，主宰一切，祭祀天地有顺服天意、感谢造化之意。因为在当时的社会中君王是国家的象征，所以祭祀君王也有祈求国泰民安之意。

　　除此之外，在我国民间较为隆重的还有沿海百姓对海神的祭拜，以祈求风调雨顺和海上平安，这些都构成了我国丰富的天地祭祀文化。

人与天交流的祭天活动

传统的祭典

那还是我国人文始祖尧帝传位给舜时，在帝位交接的那一天，举行了庄严而隆重的禅让大典。尧对舜说道：

咨！尔舜！天之历数在尔躬。允执其中。四海困穷，天禄永终。

尧帝禅让

■ 天坛内用于祭祀的牌位

意思是说：嗨！你，舜！上天安排的使命落在你的身上。你要真诚地把握正确的原则。如果天下政治混乱、百姓贫困，上天给你的禄位就永远完结了。

这一句话表明，尧已经将上天的神圣使命托付给了舜，并告诫舜，要忠于这份神圣的使命，强调舜对天下人的重大责任。

从此，华夏民族就有了"敬天法祖"的信仰。在华夏先民眼中，天地哺育众生，是最高的神。天的人格化称呼，是"昊天上帝"。

传说中的伏羲氏、神农氏、炎帝、黄帝、颛顼、帝喾、尧、舜、禹、汤、周成王都曾经去泰山祭天封禅，先秦就有72位祖先君王去泰山祭天。

祭天仪式是人与天的交流形式，历代王朝都由天子来亲自主持祭天仪式，祭天的祭坛一般为圆形，称为"圜丘"，寓意天圆地方。在仪式上要诵读祭文、

敬天法祖 周礼的核心信仰和高度概括，天就是天神、上帝，祖就是宗庙的祖先神。天神称祀，宗庙称享，祭祀天神称为外事，祭祀宗庙称为内事。敬天法祖既是道教教义之一，也是我国古代社会的主要信仰。我国后来敬天的祭祀场所是天坛。

奏雅乐，并焚烧祭品，以表示人们把自己的劳动成果贡献给天，作为对天滋润万物的一种报答。

周代祭天的正祭是每年冬至之日在国都南郊圜丘举行。"圜丘祀天"与"方丘祭地"都在郊外，所以也称为"郊祀"。圜丘是一座圆形的祭坛，古人认为天圆地方，圆形正是天的形象，圜同圆。

在祭祀之前，天子与百官都要斋戒并省视献神的牺牲和祭器。

祭祀之日，天子率百官清早来到郊外。天子身穿大裘，内着衮服，是一种饰有日月星辰及山、龙等纹饰图案的礼服，头戴前后垂有十二旒的冕，腰间插大圭，手持镇圭，面向西方立于圜丘东南侧。

这时鼓乐齐鸣，报知天帝降临享祭。接着天子象征性地牵过牛羊作为献给天帝的牺牲，再交给侍者。这些牺牲随同玉璧、玉圭、缯帛等祭品被放在柴垛上，由天子点燃积柴，让烟火高高地升腾于天，寓意上闻于天。这就是燔燎，也叫"禋祀"。

随后在乐声中迎接"天帝"登上圜丘，"天帝"由一人扮饰，作为"天帝"化身，代表"天帝"接受祭享。当"天帝"就座后，面前陈放玉璧、鼎、簋等各种盛放祭品的礼器。

这时先向"天帝"献牺牲的

■祭天台

鲜血，再依次进献五种不同质量的酒，称作五齐。前两次献酒后要进献全牲、大羹、铏羹等。第四次献酒后，进献黍稷饮食。

进献后，"天帝"用三种酒答谢祭献者，称为酢。

饮毕，天子与舞队同舞《云门》之舞，相传那是黄帝时的乐舞。最后，祭祀者还要分享祭祀所用的酒醴，由"天帝"赐福于天子等，称为"嘏"，后世也叫"饮福"。天子还把祭祀用的牲肉赠给宗室臣下，称"赐胙"。后代的祭天礼多依周礼制定，但以神主或神位牌代替了"天帝"。

周朝之后，特别是汉代起儒家思想占据统治地位后，历代王朝皆尊崇周礼，因此祭天仪式也基本按照周代的方式进行。不过随着社会的发展，在流程、器物等方面仍有增减。

秦皇嬴政是秦朝的开国皇帝，他统一六国后，效法传说中上古帝王的祭天活动，于始皇帝二十八年，即公元前219年，率群臣自咸阳东巡郡县，然后登泰山，举行祭天封禅大典。秦始皇此举，开启了皇帝登泰山祭天的先河。

后来，他的儿子秦二世也效仿，登泰山封禅祭天。在秦代有三年

传统的祭典

■ 祭天用品

一郊之礼。秦以冬十月为岁首，郊祀就在十月举行。

汉高祖刘邦祭祀天地都由祠官负责，武帝初，行三年一郊之礼，即第一年祭天，第二年祭地，第三年祭五畤，每三年轮换一遍。

公元前32年，汉成帝刘骜在长安城外昆明故渠之南建圜丘，并在翌年春的正月上辛日进行祭天，同时祭五方上帝，这是汉代南郊祭天之始。后来汉朝在洛阳城南建圜丘，圜丘内祭坛分上、下两层，上层为天地之位，下层分设五帝之位，坛外有两重围墙，叫作"壝"。

五胡乱华之后，华夏文明受到了一定程度的冲击，郊祀制度也受到一些影响。我国北方一些少数民族建立的政权祭天虽然采用汉制，但是常有民族传统礼仪融入其中。

南北朝时梁代在南北郊祭天地社稷、宗庙，都不用牺牲，而用果蔬。从南齐开始，圜丘坛外建造屋宇，作为更衣、憩息之所。旧制全用临时性的帷帐，南齐武帝永明二年，也就是483年，才开始用瓦屋。

唐代祭天礼除了延续前代礼仪之外，皇后也开始参加，显示了唐代女性地位的提高。

宋代圜丘合祀天地后，要在皇城门楼上举行特赦仪式，赦免囚徒。次日，还要到景灵宫祖宗神像前行"恭谢礼"。

1377年，明太祖朱元璋改变圜丘礼制，定每年孟春正月合祀天地于南郊，建大祀殿，以圆形大屋覆盖祭坛。明成祖朱棣迁都紫禁城之后，在正阳门南按南京规制营建大祀殿，于1420年建成，合祀天地。

到了清代，康熙皇帝改变天地合祀制度，在大祀殿之南另建圜丘。至此，祭天典礼已发展至最完善时期。据史料记载，明、清两朝每年冬至日的圜丘祭天，是古代郊祀中最主要的形式之一，整个祭天礼仪极其隆重与繁复。

根据记载，每当祭日来临之前，必须进行大量的准备工作，不管耗费多少人力物力，亦在所不惜。如对天坛内各种建筑及其设施，进行全面的大修茸。修整从紫禁城至天坛皇帝祭天经过的各条街道，使之面

明成祖（1360年－1424年），朱棣，是明朝第三位皇帝，在位22年，年号"永乐"。1421年迁都北京，对强化明朝统治起到了非常积极的作用。在位期间将由靖难之后的疮痍局面发展至经济繁荣、国力强盛的盛世，史称"永乐盛世"，朱棣也被后世称为"永乐大帝"。

■ 圜丘坛

貌一新。

举行祭祀的前5天，皇帝会派一位亲王到牺牲所察看为祭天而准备的牲畜。祭祀前3日，皇帝开始进行斋戒。祭祀前要书写好祝板上的祝文。

到了祭祀前一日要宰好牲畜，并制作好祭品，整理神库祭器。皇帝阅祝板，至皇穹宇上香，到圜丘坛看神位，去神库视笾豆，神厨视牲，然后再回到斋宫斋戒。

祭祀日的前夜，由太常寺卿率部下安排好神牌位、供器、祭品。乐部完成乐队陈设，最后由礼部侍郎进行全面检查。

■ 天坛祭天仪式

祭位的设置也有严格的规定，圜丘坛专门用于祭天，台上不建房屋，对空而祭，称为"露祭"。祭天陈设讲究，祭品丰富，规矩严明。

在圜丘坛共设七组神位，每组神位都用天青缎子搭成临时的神幄。上层圆心石北侧正面设主位，也就是皇天上帝神牌位，其神幄呈多边圆锥形。

第二层坛面的东、西两侧为从位，置日月星辰和云雨风雷牌位。神位前摆列着玉、帛以及整牛、整羊、整豕和酒、果、菜肴等大量供品。单是盛放祭品的器皿和所用的各种礼器，就多达700余件。上层圆心石南侧设祝案，皇帝的拜位设于上、中两层平台正

亲王 我国爵位制度中王爵的第一等，亲王的正室为亲王妃。汉朝开始，封皇子、皇帝兄弟为王。西晋开始，王爵分为亲王、郡王两等，亲王专封皇子、皇帝兄弟。郡王初为皇太子之子的封号，后多用于分封节度使等武臣，文官也有受封郡王者。

南方。

圜丘坛正南台阶下东西两侧，陈设着编磬、编钟、镈钟等16种，60多件乐器组成的中和韶乐，排列整齐，肃穆壮观。

祭天的时辰为日出前七刻，时辰一到，斋宫鸣太和钟，皇帝起驾至圜丘坛，钟声止，鼓乐声起，大典正式开始。

此时，圜丘坛东南燔牛犊，西南悬天灯，烟云缥缈，烛影摇红，给人一种非常神秘的感觉。

祭典开始以后，第一项就是迎帝神，皇帝从昭享门外东南侧具服台更换祭服后，便从左门进入圜丘坛，至中层平台拜位。此时燔柴炉，迎帝神，乐奏"始平之章"。

皇帝至上层皇天上帝神牌主位前跪拜，上香，然后到列祖列宗配位前上香，叩拜。回拜位，对诸神行

牌位 又称灵牌、灵位、神位等，是指书写逝者姓名、称谓或书写神仙、佛道、祖师、帝王的名号、封号、庙号等内容，以供人们祭奠的木牌。按照我国民间传统习俗，人逝世后其家人都要为其制作牌位，作为逝者灵魂离开肉体之后的安魂之所。牌位大小形制无定例，一般用木板制作，呈长方形，下设底座，便于立于桌案之上。

061

感天谢地

天地大海祭典

■ 祭天仪式表演

三跪九拜礼。

接着奠玉帛，皇帝到主位、配位前奠玉帛，乐奏"景平之章"，回拜位。皇帝到主位、配位前进俎，乐奏"咸平之章"，回拜位。皇帝到主位前跪献爵，回拜位，乐奏"奉平之章"，舞"干戚之舞"。然后司祝跪读祝文，乐暂止。读毕乐起，皇帝行三跪九拜礼，并到配位前献爵。

行亚献礼就是皇帝为诸神位献爵，同时奏"嘉平之章"，舞"羽籥之舞"，再回拜位。

行终献礼为皇帝为诸神位依次献爵，奏"永平之章"舞"羽籥之舞"。光禄寺卿奉福胙，进至上帝位前拱举。皇帝至饮福受胙拜位，跪受福，受胙，三拜，回拜位，行三跪九拜礼。

撤馔时需要奏"熙平之章"，送帝神时皇帝行三跪九拜礼，奏"清平之章"。祭品送燎炉焚烧，皇帝至望燎位，奏"太平之章"。望燎是皇帝观看焚烧祭品，奏"佑平之章"，起驾返宫，大典自此结束。

祭天大典是皇帝展现"君权神授"思想、显示"天子"神圣权威的活动，为了达到其宣扬神权以维护皇权的目的，要求安排祭天事务的人员，不

羽籥 古代祭祀或宴飨时舞者所持的舞具和乐器。羽，指雉羽。籥，一种编组多管乐器。《周礼·春官·籥师》载："祭祀，则鼓羽籥之舞。宾客飨食，则亦如之。"郑玄注："文舞有持羽吹籥者，所谓籥舞也。"

■祭天表演

得有任何差错，否则要予严惩。
如在《大清律》中明文规定：

> 每逢祭祀，于陈祭器
> 之后，即令御史会同太常寺
> 官遍行巡查，凡陪祀执事各
> 官，如有在坛庙内涕唾、咳
> 嗽、谈笑、喧哗者，无论宗
> 室、觉罗、大臣、官员，即
> 指名题参。

祭天仪式模拟表演

　　总之，祭天是华夏民族最隆重、最庄严的祭祀仪式，是人与天的"交流"形式。通过祭天来表达人们对于天滋润、哺育万物的感恩之情，并祈求皇天上帝保佑华夏子民。

阅读链接

　　"天"是中华文化信仰体系的一个核心，狭义仅指与地相对的空间，按《隋书·礼仪》所载："五时迎气，皆是祭五行之人帝太皥之属，非祭天也。天称皇天，亦称上帝，亦直称帝。五行人帝亦得称上帝，但不得称天。"周朝以后的儒教继承了周以前的中华宗教信仰传统，因而历代祭天延绵不绝。

　　春秋战国之时，思想进步，人文理性精神勃发。季梁曰："夫民，神之主也，是以圣王先成民，而后致力于神。"神为人创，民为神主，则上古神秘观念渐消，"皇天上帝"之概念渐被自然之"天"取代，天为道德民意之化身，这构成了后世中华文化信仰的一个基础，而"敬天祭祖"是我国文化中最基本的信仰要素。

对土地崇拜的祭地活动

　　土地是繁衍人类生命的精魂，万物滋生的源泉。我国古人对于土地的顶礼膜拜从未间断，从远古时期就已经有对土地的崇拜，大地生长五谷，养育万物，犹如慈爱的母亲，因此，古代有"父天而母地"的说法。在我国的古文献中记载土地神是"社"，祭礼叫"宜"。在殷商甲骨文里已有对社土的祭祀，还有大量的祭祀山岳河流的记录，

■祭台

主要目的是祈求农作物的丰收。地神称为"地坼"，又作"地祇"。"社"通常是主某一片土地之神。因此，《礼记·王制》有"天子祭天地，诸侯祭社稷"的说法。

另外，阴阳家认为，地中央曰昆仑，统辖四方大九州岛；神州是九州岛之一，下又分小九州岛，即我国的九州岛。

周代祭祀土地的祭日，是每年夏至之日在国都北郊水泽之中的方丘上举行。水泽即以水环绕，方丘指方形祭坛，古人认为地属阴而静，本为方形。水泽、方丘象征四海环绕大地。

祭地礼仪与祭天大致相近，但不用燔燎，而用瘗埋，即祭后挖坎穴将牺牲等祭品埋入土中。祭地用的牺牲取黝黑之色，用玉为黄琮，黄色象征土，琮为方形象地。为了祭祀地神，求得保佑与恩赐，人们修建各种场所供奉、祭祀地神。

祭地礼仪还有四望山川，望祭天下名山大川之神。同一山川，至其地而祭之，直呼为祭，远望而祭之，则名曰"望"。此外，还有祭祀土神、谷神、社稷等习俗。

后来，根据"万物有灵"的原始思维以及由此产生的自然崇拜，被统治者接受并加以改造，其中充分融合儒家"敬天法祖"的思想，形成在特定时间和特

■ 祭地用品

天地大海祭典

《礼记》我国古代一部重要的典章制度书籍，儒家经典之一。其内容是西汉戴圣对秦汉以前各种礼仪著作加以辑录，编纂而成，共49篇，从解说经文的著作逐渐成为经典，到唐代被列为"九经"之一，全书共有1250个小故事，宋代被列入"十三经"之中。

■ 圜丘坛

传统的祭典

典章制度 是一
个国家的政府在
一定时期内行为
规范的基本准
则。我国历代统
治者就十分重视
典章制度的建
设。《史记》中
的"书"和后来
各朝正史中的
"志""录"就留
下了丰富的有关
典制的记载。此
外，还有不少典
制方面的专书。

定地点祭祀特定神祇的官方祀典，并为历代王朝所遵从，成为帝制时代最重要的典章制度之一。

最初的祭祀活动在树林空地中的天然土丘上进行，后来发展为夯土筑台。台是最早出现的建筑形式，由于当时条件所限，此类建筑多用夯土筑成。汉代以后，台出现两种变体。一是祭祀自然神的专用建筑，叫作祭坛；二是建筑物的基础部分，叫作台基。

我国古代典籍对远古的祭祀活动无确切记载，《周礼》中的"夏至日祭地祇于泽中方丘"成为历代地坛规制和祀典的理论基础。在汉武帝时，根据《周礼》中的描述在汾河汇入黄河处建立了一座后土祠。

西汉末年又按阴阳方位在都城长安南郊和北郊分建祭祀天地之坛，自此祭地之坛成为都城必不可少的建筑项目。由于历代对儒家经典解释不同，有时将天和地合在一起祭祀，有时分开祭祀。

1153年，海陵王完颜亮建中都城，在通玄门外建北郊方丘，是北京最早的祭地之坛。到了明朝，开国皇帝朱元璋建圜丘于钟山之阳，建方丘于钟山之阴，实行天地分祀。有一年，朱元璋在祭祀前斋戒时风雨交加，他感于苍天而有所不悦，苦思冥想之后，感觉敬天地如敬父母，没有分开祭祀之理，于是改为合祀了。

朱元璋死后，皇太孙朱允炆继位，年号建文。鉴于北方诸藩王拥兵自重，危及朝廷，建文帝决定削藩。镇守北平的燕王朱棣起兵反抗，发动"靖难之役"，攻入南京，夺取皇位，年号永乐。朱棣夺取皇位后改北平为北京，迁都北京。这是明代历史上的一件大事，史称"永乐迁都"。

明成祖营建北京城时，以南京为蓝本，在京城正

感天谢地

天地大海祭典

■ 祭坛一角

■ 北京地坛中的方泽亭景观

藩王 介于地方长官与朝廷之间的统治者。他们经常形成地方割据势力，但在名义上仍是服从朝廷的地方长官；或者是由朝廷册立统治某地区的相对独立的君主。藩王一般都有独特的名衔，这些名衔并非一般的地方长官职衔，可以世袭罔替。如果藩王继承皇位，这些名衔会演变为真正的君主称号。

阳门外建天地坛，在紫禁城右侧建社稷坛，在天地坛以西建山川坛。1421年又亲自祭奠：

> 正月甲子朔，上以北京郊社、宗庙及宫殿城，是日早躬诣太庙，奉安五庙太皇太后神主。命皇太子诣天地坛奉安昊天上帝、后土皇地祇神主，皇太孙诣社稷奉安太社太稷神主。

昊天上帝和皇地祇神位从此在北京扎下根来。

1521年，明朝第十位皇帝武宗病死。武宗没有儿子，他的堂弟，15岁的朱厚熜以藩王继承皇位，为明世宗，年号嘉靖。嘉靖皇帝继位之初就围绕着如何确定其生父的尊号展开一系列激烈争论，并由此引发礼制变革。

1530年农历二月，嘉靖皇帝以天地合祀不合古制为由，集群臣596人议郊祀典礼。有82人主张分祀；84人主张分祀，却又以为既成之法不可轻改，时机尚不适宜；26人主张分祀，却以山川坛为方丘；206人主张合祀，却不以分祀为非；还有198人不置可否。

世宗"自为说，以示礼部"，将南郊的天地坛改为圜丘，专以祭天，在北郊择地另建方泽，专以祭地，并在东郊建朝日坛、西郊建夕月坛。这是明代的重要事件，史称"更定祀典"。

1530年5月，四郊坛兴工。11月定北郊之坛名为地坛，此后方泽、地坛两名并存，祝文称方泽，公务称地坛。1531年4月，方泽坛竣工建成。坛正中铺纵横各6条黄琉璃砖道，皇祇室以及方泽坛围墙覆绿琉璃瓦。

清初沿袭明朝地坛旧制，连同地坛以及各建筑的

069
感天谢地
天地大海祭典

琉璃瓦 据文献记载，琉璃随着佛教文化而东传，其原来的代表色实际上指蓝色。我国古代宝石中有一种琉璃属于七宝之一。除蓝色外，琉璃也包括红、白、黑、黄、绿、绀蓝等色。施以各种颜色釉并在较高温度下烧制成的上釉瓦，被称为琉璃瓦。

■ 日坛公园亭榭

传统的祭典

名称都未改动。至1749年，地坛因年久损毁严重，为此进行了大规模的修缮和改建。乾隆帝认为，皇祇室绿瓦和方泽坛面黄琉璃面砖"于义无取"，于是依据《周礼》和《考工记》等经典，将皇祇室以及方泽坛围墙绿琉璃瓦顶改为黄瓦，方泽坛面黄琉璃砖改为白色石块。

这次改建十分成功，使两座主体建筑的礼制意义更加明确。改建工程至乾隆十七年，也就是1752年的时候竣工，所形成的形制被后世完整地保存下来。

改建后的地坛占地面积43万平方米，布局以北向为上，由两重正方形坛墙环绕，分成内坛、外坛。内坛墙四面辟门，外坛墙仅西面辟门。外坛门至安定门外大街之间是一条坛街，街西端有3间四柱七楼木牌楼一座，是进入地坛的前导和标志。

内坛中轴线略偏于东部。主要建筑有3组，方泽坛和皇祇室在中轴线上，方泽坛西侧有神库和宰牲亭，西北有斋宫、钟楼、神马圈等附属建筑。地坛建筑的内檐枋心彩画为双凤和玺彩画。建筑周围植满柏树，烘托出庄严肃穆的气氛。

方泽坛是地坛的主体建筑，是皇家盛大的祭祀礼仪之所，俗称拜台。平面为正方形，以水渠环绕象征"泽中方丘"，正方形平面象征"天圆地方"。坐北朝

■ 方泽坛一角

■ 方泽坛

南的布局和按六八阴数铺成的墁石象征"地为阴"，黄琉璃砖象征"地谓之黄"。

皇祇室位于方泽坛的南侧，北向五开间。有围墙，北向一门，围墙和门楼覆黄琉璃瓦。殿内供奉皇地祇神位。殿内彩画是乾隆年间原貌，为双凤和玺彩画。

整个明、清两朝，历代皇帝多次修建祭地圣坛，皇帝在每年夏至率领皇室贵族和文武百官前往举行祭地大典，以祈求国泰民安、风调雨顺。在各种祭祀地神的活动中形成了一套具有我国传统特色的祭地礼仪。

整个祭地仪式分为9个仪程，即迎神、奠玉帛、进组、初献、亚献、终献、撤撰、送神和望瘗等。在进行仪程中演奏不同的乐章。跳文、武"八佾"舞，是一种由64人组成的古代天子专用的舞蹈。乾隆皇帝曾额定地坛设文、武、乐之舞生480人，执事生90人，可见当时乐舞队伍之庞大。

和玺彩画 又称宫殿建筑彩画，这种建筑彩画在清代是一种最高等级的彩画，大多画在宫殿建筑上或与皇家有关的建筑之上。和玺彩画根据建筑的规模、等级与使用功能的需要，分为金龙和玺、金凤和玺、龙凤和玺、龙草和玺和苏画和玺5种。它们是根据所绘制的彩画内容而定名。

■祭地仪式表演

　　每进行一项仪程，皇帝都要分别向正位、各配位、各从位行三跪九叩礼，从迎神至送神要下跪70多次、叩头200多下，历时两个小时。

　　如此大的活动量对帝王来说是个很大的负担，所以皇帝到年迈体衰时，一般不会亲自致祭，而派遣亲王或皇子代为行礼。如清代康熙皇帝在位61年，前40年中亲到地坛致祭26次，而后21年则全部由亲王、皇子代祭。

　　祭地现场的纪律要求极为严格，皇帝谕旨，令陪祭官员，必须虔诚整肃，不许迟到早退，不许咳嗽吐痰，不许走动喧哗，不许闲人偷觑，不许紊乱次序。否则，无论何人，一律严惩。

　　据史料记载，清嘉庆二十四年，即1813年的阴历五月二十四日，因恭修皇祇室内乾隆皇帝之神座，而派遣成亲王代行祭告礼。由于成亲王向列圣配位行"终献"礼时，乱了先东后西之次序，事后被革职，退居宅邸闭门思过，并罚扣半俸10年，照郡王俸禄。此例可见君王对祭地礼仪之严肃认真。

　　祭祀结束后，按制度规定要向有关官员分赐食肉，叫"颁胙"。

祭前，由太常寺负责登记造册，并发给昨单，至各衙门。

祭毕，各衙门持单各自到祭所领取。据记载，宗人府、内阁各10斤，六部、理藩院、都察院、通政使司、大理寺、乐部、京畿各7斤，太常寺銮仪卫、詹事府、顺天府、太仆寺、光禄寺、鸿胪寺、六科五城各5斤，翰林院、起居注、国子监、太医院、钦天监各4斤。

明、清帝王承袭《周礼》之制，每逢阴历"夏至"凌晨，皇帝亲诣此台条招"皇地祇""五岳""五镇""四海""四渎""五陵山"及本朝"先帝"之神位，曰"大祀方泽"。

每逢国有大事，如皇上登极、大婚、册封帝后、大战获胜、宫廷坛庙以及殿宇修缮的开工竣工等，皇帝派亲王到此代行"祭告"礼，礼仪比"大祀"稍简。

此外，在每年的农历腊月三十至正月初七，人们都会举办盛大的地坛庙会，庙会以古坛风貌作为依托，注重民族、民间、民俗特色。期间民间杂艺、特色小吃、古董字画无所不有，令人流连忘返。

阅读链接

在我国，对于土地的祭祀，还有一部分是对于土地神而言的，土地神也是道教神话传说中知名度最高的神之一，他是一方土地上的守护者，是与一方土地形成共存的神，所以作为一方土地的土地神对管辖内的大事小情无所不知。作为地方守护神，尽管名位不高，却是我国民间供奉最普遍的神祇。

民间祭祀最为广泛的就是土地公张福德，传说张福德自小聪颖至孝，36岁时官朝廷总税官，为官清廉正直，体恤百姓之疾苦，做了许多善事。102岁辞世之后3天其容貌仍不变，有一贫户以四大石围成石屋奉祀，过了不久，即由贫转富，百姓都相信是神恩保佑，于是合资建庙并塑金身膜拜，因此生意人常祭祀之。

内容形式多样的祭海活动

妈祖赐福绘画

传说，在观音菩萨派默娘下凡降妖除魔、造福百姓的时候，告诉了默娘一个期限，说："二八为期，去吧！"

于是默娘下凡投胎到福建有一家姓林的名门望族，她的父亲林孚曾经是福建的总管。默娘努力修习法术，想更多地帮助村民，但是一转眼默娘便16岁了。这时，默娘想起了观音向她说的话，她在凡间逗留的期限，即"二八"，二八就是16的意思。

这时，观音给她的期限已

妈祖庙古建筑

到，她十分苦恼。岛上还有许许多多的事情等着她去做，乡亲们离不开她，后来有一位法号叫玄通的道士为她指点迷津："二八为期，可做两解，一解为十六，二解即把二八拆开来念，不就是二十八吗？"

默娘于是便安心地留下来，继续为乡亲们除恶驱邪，直到她28岁的重阳节，告别了亲人，羽化升天。

因为林默救世济人，泽被一方，所以一直都被朝廷赐封。沿海居住，并以捕鱼为生的人们尊其为海神，立庙祭祀，民间尊称林默为妈祖。后因灵异非常，屡显灵于海上，渡海者皆祷之，被尊为天上圣母，庙宇遍及沿海各地。

妈祖信仰从产生以来，经历了1000多年，起初作为民间信仰，后来成为道教信仰，最后成为历朝历代国家祭祀的对象，延续之久，传播之广，影响之深，都是其他民间信仰所不曾有过的。

历代皇帝的尊崇和褒封，使妈祖由民间神提升为官方的航海保护神，而且神格越来越高，传播的地域也越来越广。由莆邑一带走向五湖四海，达到无人不知，无神能替代的程度。

■ 妈祖塑像

路允迪 字公弼，宋城人，宋朝时期的政治人物，官至给事中，也就是可以出入宫廷，常侍皇帝左右的官员。1123年奉诏出使高丽，搭船至东海，遇到狂风，八舟溺七，只有允迪所乘之船安然以济，船员李振说这是湄州女神显灵。

由此而产生的妈祖崇拜或称天后崇拜是海神祭祀活动中最为著名的。妈祖是福建地区的海神传说，相传妈祖殁后又多显灵迹，常常穿着红衣服，往来于海上，在风涛中救护船只，所以"里人虔祀之"。

提到海神妈祖的显圣，始于1122年路允迪出使高丽，"感神功，奏上。立庙江口祀之，赐顺济庙额"。其后，妈祖的加封原因皆为"神雾神济兴、泉饥"，"以神助火焚强寇"。

从1156年起至清朝，历代皇帝先后36次册封妈祖，清朝咸丰皇帝给予最长封号："护国庇民妙灵昭应弘仁普济福佑群生诚感咸孚显神赞顺垂慈笃佑安澜利运泽覃海宇恬波宣惠导流衍庆靖洋锡祉恩周德溥卫漕保泰振武绥疆天后之神。"

后来，同治皇帝在1872年时再次加封时："经礼部核议，以为封号字号过多，转不足以昭郑重，全部字后再加上'嘉佑'二字。"封号由最初的两个字累至64字，同时下令列入国家祀典，进行春秋祭祀，所属的宗教为道教。

台湾的妈祖信仰也十分普遍，台湾三分之一以上的人信仰妈祖。台湾全省共有大小妈祖庙510座，其中台南一地即有116座，它们的名字很多，有的叫天妃宫、天后宫、妈祖庙，有的叫天后寺、天后祠、圣母坛，有的叫文元堂、朝天宫、双慈亭、安澜厅、中兴公厝、纷阳殿、提标馆等。福建、台湾、广东及东南亚的林氏宗亲都称妈祖为姑婆、姑婆祖、天后圣姑、天上圣母姑婆等。

妈祖作为一个古代民间的神祇，能够被不同阶层的人认可、赞扬和崇敬，是因为在妈祖身上聚集了中华民族的传统美德和崇高的精神境界。

妈祖作为一个民间的渔家女，善良正直，见义勇为，扶贫济困，解救危难，造福民众，保护中外商船平安航行，凡此种种都是功德无量的事情，所以才会深受百姓的崇敬。

由于妈祖不可撼动的海神形象，凡是出海的人几乎都会祭祀妈祖，从而产生了各种各样的关于妈祖的祭祀习俗。

妈祖的祭祀仪式分为家庭祭祀和宫庙祭祀两种。家

神祇 宗教观念之一，作为一种民间信仰，它象征着吉祥、威力和正义，寄托着人们的愿望、幸福和慰藉。在古代的民间信仰中，《左传》记载了天神、地祇、人鬼三类。到了宋代以后，民间信仰走向交叉，佛教、道教、西方宗教的信仰和神仙系统互相交织，所属派系不再明确。

■ 澳门妈祖阁

铳炮 对古代金属管形射击火器的概称。我国古代铳炮肇始于元朝，而以清末为其下限，包括了铜、铁两大类。铜质铳炮主要是以青铜铸造，也有少数以其他铜合金制成。在我国，从元代至明代正德时期，是我国传统铳炮的产生和发展期。

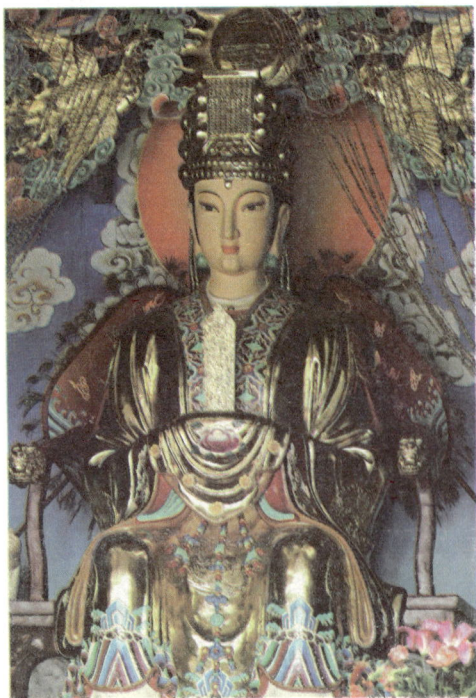

■ 妈祖像

庭祭祀包括"船仔妈"崇拜、对海祭拜、家中供奉和挂妈祖像等。宫庙祭祀则包括日常祭祀和庙会祭祀，其中庙会祭祀时举行祭祀大典。

妈祖祭祀活动有独特的方式与内容，但凡有奉祀妈祖的宫庙，其祭祀活动方式与内容也大致相同，其中尤以莆田湄州妈祖庙最为典型。

人们祭祀妈祖的信仰活动一般有三大类：一是大醮，二是清醮，三是出游。还有"回娘家"和"分神"。大醮即是大庆典的纪念活动，如妈祖庙落成、开光、千年祭等。此时妈祖庙内必须演奏五锣鼓，放铳炮，演木偶戏，奏八乐鼓吹，上演莆仙戏。

演戏时规定必须先跳加官、演八仙、状元游街，然后才正式开演节目。妈祖庙内还请经师、和尚各9人做道场法事，而经师与和尚还得配备自己的吹鼓手演奏。总之，整个庆典活动规模较大，形式隆重。

清醮即常年的纪念活动。主要的活动有农历三月廿三妈祖生日，农历九月初九妈祖升天纪念，这是俗定常规的春、秋二祭活动。此外，还有妈祖元宵和农历八月十五庆贺中军生日。因为中军是妈祖属下，所以庆贺只在中军殿内举行。

妈祖元宵的正日在元月初十。这个节日主要是人们敬请妈祖庆赏元宵。由于湄州除妈祖庙外，全境还有15座妈祖宫奉祀妈祖，所以庆赏元宵的活动，是从正月初八日始至十八日止。各宫妈祖神像先后抬来祖庙上香。

各妈祖宫随从的仪仗队有大旗、大灯、大吹鼓，还有放铳炮，由各宫福首主持进香。妈祖庙请道士做醮，供品由平时祈求、许愿的信徒提供答谢祭祀，还演奏鼓吹八乐等。按惯例，元宵活动先由山尾宫抬妈祖神像到妈祖庙庆元宵，然后出巡庆贺元宵，有"摆棕轿""耍刀轿"等，还有场面壮观和热闹非凡的文娱表演以及妈祖出宫、回宫活动。

农历三月廿三是妈祖诞辰纪念日，其庆典最为热闹，其隆重程度甚至超过春节。该日由各中正福首一人总筹其事，各宫头人各负执事之责。庆驾活动自从三月初五开始到廿三止，廿三正日，妈祖庙正式举行庆贺，自廿二晚间开始，先鸣放铳炮，后做醮，照例奏鼓吹八乐、演戏。

庙内供品有五牲、五汤、什锦。五牲即全猪、全羊、鸡、鹅，有时有海味。五汤是用桂元干、芡实、莲子、红枣、柿饼5种果实做面汤点。什锦是用白豆着色，排出10种花样及文字，分别放在10个

■ 湄洲妈祖庙内的妈祖像

春节 我国最富有特色的传统节日。我国过春节的习俗已超过4000年的历史，关于春节的起源有多种说法，但其中人们普遍接受的说法是春节由尧舜时期兴起。春节一般指正月初一，是一年的第一天，又叫阴历年，俗称"过年"。在春节期间，我国的汉族和很多少数民族都要举办各种庆祝活动。

■ 祭祀妈祖的情景

传统的祭典

小碗内，是干品。此外，还有烧金、"表礼"。

农历九月初九的妈祖升天纪念活动，因为是忌日，纪念活动的特点是戒荤，供品不备五牲，一律用素食，妈祖庙内行三斋六戒，从九月初六至初九演戏。

据湄州妈祖庙内文字记载，对于天上圣母三月廿三寿诞春祭及九月初九妈祖庙圣母秋祭，都有一套严格规定的供品数额，春祭开祚发赏也都有定规。

出游是湄州全境祈求妈祖平安的一种活动仪式，目的是请妈祖巡游全境，扫荡妖氛，庇护全境黎民平安顺意。这种出游，不一定每年都举行，出游的日子也不是固定的。

每年二月初一，即湄州岛习俗的"头牙"。这个规矩不同于莆田其他地方二月初二"头牙"的习俗。人们在妈祖神像前问卜祈安，如"卜杯"同意，则在妈祖庙做祈安法事、演戏等。如"卜杯"不同意，便决定出游。此时，全乡耆老集中于妈祖庙内决定出游负责人，再"卜杯"确定出游的月份，然后择日师推算出游的具体日期。

出游的那一天，湄州全境15宫的妈祖像同妈祖庙的妈祖像全部抬出去巡游并规定到下山宫驻驾一天。

供品 指为供奉逝去之人于桌上或墓前摆放的点心、瓜果一类祭品，也指供奉神佛祖宗用的瓜果、酒食等。藏语中的"供品"这个词，既指对神佛的恭敬与崇拜，也指实际供奉给神佛圣物的物品。

诸宫妈祖像分东、西两行排列，妈祖庙的妈祖像则排在东边首席。

出游后，"卜杯"决定妈祖像回驾妈祖庙的时辰。妈祖像圣驾回銮，先是五驾、中军，继为妈祖庙妈祖像，后为各宫妈祖像相随。下山宫的妈祖像排在最后，因为它是妈祖驻驾时的宫庙主人。

分神是外地妈祖执事人员到湄州妈祖庙的请香仪式，故称"分神"或叫"分灵"。通常是当外地妈祖庙有庆贺活动或节日时，虔诚的信徒便不论远近，专程来到福建湄州妈祖庙，敬请妈祖驾临该地妈祖宫观赏、赐福。

事后，"香火"即留该处，不再送回。以后如有活动，仍然举行一次请香仪式。在天后妈祖的官祭仪式中，赤湾天后宫的"辞沙"祭祀习俗格外特别。

辞沙仪式可以追溯到1464年的明代，从明代开

五驾 我国古代以拉车马匹的多少来区分地位，所谓"五驾马车"，不是说五匹马拉的车，而是说五匹马一组一辕，分前、中、后三组来拉的车。

■ 妈祖庙壁画

黄谏 字廷臣，号兰坡。明朝正统七年探花，授翰林院编修，迁侍读学士。黄谏是明代知名学者，才华横溢，诗文并茂，著有《书经集解》《诗经集解》《使南稿》《从古正义》等。流传甚广的《饶歌鼓吹》是一首记述明将坚守兰州及徐达与王保保定西之战的史诗。

■ 妈祖庙里的香炉

始，凡在赤湾过往的渔民或出使各国的官员都要停船靠岸，到天后庙进香，以大礼祈神保佑，以求出海平安顺利。在翰林院学士广州府事黄谏所作《新建赤湾天妃庙后殿记》记载：

> 凡使外国者，具太牢祭于海岸沙上，故谓'辞沙'。太牢去肉留皮，以草实之，祭毕沉于海。

过去人们在出海前，会用"太牢"祭祀妈祖，祭祀的时候，人们将牛、羊和猪这三种牲畜去肉留皮，用草填实，摆祭于海边的沙滩上。祭祀完毕，将三牲沉于海中，而这整个祭祀的仪式便称为"辞沙"。

后来，"辞沙"成为从赤湾出海者起航前一种固有隆重仪式的名词。

从天后诞辰的半个月前开始，各地的信众就会从各地赶来，海湾内万船云集，宫内外张灯结彩，沙滩上舞龙舞狮，热闹非凡。据《香港掌故》记载：

> 由于赤湾天后古庙宏伟，每年农历三月廿三天后诞，香港九龙水陆居民都前往赤湾天后庙去贺诞。

每逢农历三月廿三，妈祖诞辰，来沙滩上举行"辞沙"祭祀的信众数不胜数，"辞沙"祭祀大典是赤湾天后宫独有的。举行"辞沙"前，做生意的人会事先在天后宫周围搭起商铺，销售香烛和食品。主持人则会将各绅士的捐赠登记、造册并入库。

■ 妈祖庙里的香火

祭祀开始时，主祭人会安排将"太牢"先抬于大殿祭妈祖，领海上航行者和渔人到妈祖坐像前燃香，行三跪九叩礼。祭祀完毕后焚祝文，焚帛，然后移至沙滩，将"太牢"沉入大海。

然后便会进行舞狮、唱戏、武术表演和杂耍等，而在赤湾港停留的渔船则会爆竹齐鸣，彩旗招展，盛况空前。

后来出于各种原因，"辞沙"的方式发生了改变，由海边移到了庙堂，但是人们没有忘记到赤湾举行盛大的"辞沙"祭妈祖活动，每到"辞沙"活动举行的时候，照样是热闹非凡。

太牢 古代帝王祭祀社稷时，牛、羊、豕三牲全备为"太牢"。古代祭祀所用牺牲，行祭前要先饲养于牢，故这类牺牲称为牢。又根据牺牲搭配的种类不同而有太牢、少牢之分。由于祭祀者和祭祀对象不同，所用牺牲的规格也有所区别，天子祭祀社稷用太牢，诸侯祭祀用少牢。《礼记》中太牢指的是大牢。

祭祀中的妈祖信徒

传统的祭典

整个"辞沙"活动会持续四天，在"辞沙"的第一天下午，会有一些人先到天后宫。他们会在正殿、左右殿和阅台上摆设水果、饼干、牛奶等供品，给油灯添灯芯草和香油，做完这些他们还会在山门平台上用竹片搭好人形架子，用纸糊一个"鬼王"。

这"鬼王"右手执令箭，左手托"善恶分明"令牌，腰系大鼓，面目恐怖。还会再糊一个县令装束的纸人和其所骑的小白马。到了晚上，他们则要在大殿举行一个简单的祭拜仪式。

到了第二天上午，巫师、武术表演和舞狮表演等也会相继进行。巫师身着道士长袍，敲锣击鼓，吹奏唢呐，诵经念文，在正殿内外带领信众叩首祭拜，祈祷天后娘娘保佑他们。

信众按领头巫师指挥，叫跪下祭拜则全部下跪，喊起来祭拜就全部起身。祭拜结束后，信众们就开始观看舞狮表演和武术表演了。舞狮队共有12人，4名年长者负责敲锣打鼓，8名童子负责舞两只狮。舞狮表演开始，8名男孩子配合默契、动作协调，给人一种有力、阳刚、威武洒脱之感。

武术表演中，表演者功底扎实，手脚有力，行动迅捷，时而翻跟斗，出飞毛腿，时而蹲马步，金鸡独立，叫人眼花缭乱，赢得信众们的阵阵掌声和喝彩声。

到了午后，会看到一位阿妈搬来一张竹椅坐在山门处，双目紧闭，嘴上振振有词，全身故弄抖动，百余人在围观，当说到"阿妈保佑我们"的时候，引来一阵阵喝彩声。有人看她的脚一直在抖动，就提来几袋物品，试图压住，但几袋物品全被抖动的双脚抖掉，此举也引来一阵笑声。

另有一个老太太，手执一把燃烧的香，放入嘴中，烟从鼻子里冒出，香从嘴里取出后，竟安然无恙，围观者拼命鼓掌喝彩，还给这个老太太口袋里塞红包。

在第三天晚上，大家把"鬼王"抬到院内的广场上燃烧，在燃烧前，大家争先恐后去撕"鬼王"腰上挂着的纸鼓。信徒们认为带上这纸片可驱邪，很快"鬼王"的鼓就会被信众抢去。

紧接着就要点燃"鬼王"了，巫师嘴上要念着咒语去点燃"鬼王"，鬼王点燃后大家都会把纸钱和大米撒向火海。此时，纸钱"鬼王"照天烧，整个大院火光冲天，亮如白昼。

第四天，整个"辞沙"活动就达到了高潮。开始举行盛大的祭拜仪式，人们对天后娘娘下跪叩首，锣鼓声、唢呐声回荡在大殿。

仪式结束后，会有一只狮子表演者在震耳的锣鼓声中腾空而起，随即俯首用嘴轻轻舔着放在案台上的所有供品，以示吉祥。巫师抱着两个纸箱，一个装着红花和白花，一个用来

妈祖庙檐头

锣鼓 是戏剧节奏的支柱。戏曲的唱念、表演、舞蹈、武打，都具有很强的节奏感，而锣鼓是一种音响强烈、节奏鲜明的乐器，有了锣鼓的伴奏，增强了戏曲演唱、表演的节奏感和动作的准确性，帮助表现人物情绪，点染了戏剧色彩，烘托和渲染了舞台气氛。

■ 祭祀中的舞狮表演

装钱，他们到供品放置的案台旁，逐个分发红花和白花。据说白花代表添男，红花代表添女。

当巫师将红花和白花放到信徒供品上或放到衣服的围篼里时，信徒都要合掌致谢，还要不拘多少向妈祖献些财物。不久那只空荡的纸箱便装满了钱。

"辞沙"仪式的最后一个程序是，将用红纸抄写的所有参加这次祭祀活动人员的名单放在用纸糊的县令手上抱着，然后点燃"县令"和小白马，连同大家的名字一起化为灰烬。

缥缈的香烟把人们的名字和愿望一起带给天后娘娘，给天后娘娘传递一个信息，让她在遥远的神仙国度里知道她的信徒是如何虔诚。

至此，整个"辞沙"仪式也就结束了，信徒们也会渐渐离开。信众在祭拜妈祖后，还都会到许愿树下摘取树叶。他们摘得树叶有的放在供品上，有的插在抬神像的轿子上，有的插在头发上，但大多是带回家中，插在门楣上或插在花瓶里，表示希望把吉祥和神灵护佑带回家。

还有一些地方的渔民每当在出海之前，都要在船上祭祀神祇，烧化疏牒，俗称"行文书"。然后由船老大将杯中酒与盘中肉抛入大海，称"酬游魂"，以求出海打鱼时平安无事。祭祀时要放一副"太平坊"，即棺材板，出海时，放在船上。棺材板冠以"太平坊"之名，与渔民在大海作业时很有可能被巨浪吞噬相关。

葬身大海是渔民大忌，与"入土为安"的习俗大相径庭。因此，放一副棺材板，以求太平无事，若死，也得死在家里，才能"入土为安"。

祭祀仪式除了在妈祖庙中进行的宫庙祭祀外，还有一种家庭祭祀。家庭祭祀是指民间信众祭拜妈祖的仪式，实际上是妈祖祭祀系列最原始的仪式，大致包括舟祭、海祭、家祭、堂祭等几种。

■ 妈祖庙里的妈祖塑像

舟祭是指在船上供奉妈祖神像，在出海、归航或遇大风大浪危急时祭拜妈祖的一种形式。从宋代以来，我国各类船上几乎都供奉妈祖神像。船家在起航前、航行中、归航时都要依例祭祈妈祖，祈求航程平安。

祭礼包括上供品，点香烛、三叩九跪、祈求祷告等，虽然简单，但是这种习俗成了航海人不可逾越的规矩，具有普遍性，正如宋人赵师侠诗云：

舳舻万里来往，有祷必有安全。

自南宋起，便有例定舟内载海神妈祖，朝夕拜

轿子 一种靠人或畜扛、载而行，供人乘坐的交通工具，曾在东方和西方各国广泛流行。就其结构而言，轿子是安装在两根杠上可移动的床、坐椅、坐筐或睡椅，有篷或无篷。一般认为，轿子是在古代车子的基础上演变而来的。

祭祀妈祖的用品

赵师侠 一名师使，字介之，号坦庵，宋太祖子燕王赵德昭七世孙，居于新淦，为淳熙二年，也就是1175年进士，有《坦庵长短句》一卷流传于世。

兵部 又称夏官、武部，我国古代官署的名称，其长官为兵部尚书或侍郎，又称夏卿。兵部是我国古代六部之一。兵部负责掌管选用的武官以及兵籍、军械、军令等。

祈。据《天后显圣录》记载，仅明代就有兵部尚书张悦、贺庆送渤泥国王回国舟上祷神，尹璋往榜葛剌国水道途中祷神，郑和等七下西洋舟上祈神十多例。可见，民间商贾渔人行船中拜祭妈祖是很平常的事。

海祭是古代沿海百姓祭祈妈祖最普遍的形式。在明、清两代文人记载中即可见到。在清代晚期，莆田涵江、仙游枫亭、忠门港里一带民众都有海祭妈祖的习俗。沿海民众每逢妈祖诞辰或升天日，便聚集海边，备齐三牲五果，向妈祖焚香祷告，祈求海上平安。

海祭与庙祭不同之处在于，拜祭人是向大海撒鲜花、美酒，以示崇敬，而附近舟船都会聚集海边，形成千舟朝拜的壮观场面。特别是贤良港宋代古码头，正对着由3块巨大礁石形成的"天然三炷香"，自古是海祭妈祖的天然场所。

海祭有着"人神共乐、人海共偕"的特征，是海洋文化中民俗活动的生动例证，其祭事习俗影响广泛，每年都有众多分灵妈祖庙宇派人参加，我国台湾、香港、澳门妈祖庙进香团也常前来祭拜。

家祭指信众在家中设妈祖神龛，每逢初一、十五及妈祖诞辰、升天日拜祭的习俗，是信众个体最常用的祭祀方式。

堂祭指妈祖同族后裔在林氏祠堂或分布世界各地的华人联谊堂会祭拜妈祖的民俗活动。实际上，它是一种家族性祭祀方式，尤其在莆田林氏族裔和东南亚华侨中广泛传承。祭祈时间一般选在妈祖诞辰日或升天日。

我国民间的家庭祭祀虽然没有宫庙祭祀那样隆重、壮观，但是经历千年民间洗礼，一直被广为传承，已成为亿万妈祖信众的生活习俗，对妈祖文化在民间传播和发展有着重要作用。

神龛 指放置道教神仙的塑像和祖宗灵牌的小阁。神龛大小规格不一，依祠庙厅堂宽窄和神的多少而定。大的神龛均有底座，上置龛。祖宗龛多为竖长方形，神像龛多为横长方形。龛均为木造，雕刻吉祥如意图案和帝王将相、英雄人物、神仙故事图像，金碧辉煌。

■ 祭祀妈祖的仪式

龙王庙里的龙王塑像

　　其实，在我国渔民的神灵信仰中，作为海神信奉的主要还有龙王、民间仙姑以及海生动物鲸鱼、海鳖等，其中尤以龙王为重，龙王是我国渔民最早崇信的海神。

　　在我国古代，龙王是非常受古代百姓欢迎的神之一。在我国古代的传说中，龙王往往具有降雨的神性。后来佛教传入我国，为了扩大在本土的影响力，附会本土文化，把水蛇翻译成龙。

阅读链接

　　每年农历正月十三，是我国传统中海的"生日"，每到这一天，山东海阳沿海的渔民就会放起鞭炮、扭起秧歌，开展一系列的祭海活动，以祈盼一年风调雨顺，渔业丰收。附近的渔民们也会准时出现在海边，开始举行祭海仪式。人们端出了早已准备好的祭品，有猪头、鸡、鲤鱼、大馒头等。人们焚香化纸，燃放鞭炮烟花，朝着大海行叩拜礼。用鲤鱼来祭祀海龙王，是取"鲤鱼跃龙门"的寓意。